普賢行願品 寫經

# 무비 스님의
# 보현행원품 사경

반야삼장般若三藏 한역
무비 스님 한글 번역

담앤북스

# 사경집을 펴내며

필자는 일찍이 불교에 귀의하여 경학과 참선과 사경과 절과 기도와 염불 등을 골고루 실참 實參하면서 무엇이 가장 효과적인 수행일까 하는 생각을 누누이 하여 왔습니다. 그러다가 여러 가지 상황으로 볼 때 사경수행寫經修行이 그 어떤 수행보다도 가장 효과가 뛰어나다는 것을 깨닫게 되었습니다.

그래서 오래전 부산 금정산 아래에 〈문수선원文殊禪院〉이라는 작은 공부방을 하나 마련 하여 뜻을 같이하는 불자들과 〈사경수행도량寫經修行道場〉이라는 이름으로 여러 경전을 강의도 하고 아울러 많은 사경 교재를 만들어 사경寫經만 하는 특별반 및 사경 시간을 마련 하여 정진하고 있습니다.

그리고 한편 〈사경수행공동체寫經修行共同體〉라는 이름으로 전국의 많은 불자들과 사경 수행을 함께 하자는 생각을 하던 중에 마침 2008년 1월부터 전국의 스님 2백여 명이 강의를 들으러 오게 되어서 이 기회에 가장 이상적이고 친절한 사경 책을 여러 가지 준비하여 보급하 게 되었습니다. 비록 어떤 조직체는 없으나 자연스럽게 그 많은 스님들의 손으로 사경 책이 전해지고 또 전해져서 그동안 1백만 권 이상이 보급되었으리라 생각합니다.

그러나 이제 더 널리 더 많은 사람들에게 공덕과 수행의 가장 이상적인 방법인 사경을 권하 고자 하여 그동안 출판했던 모든 책을 새롭게 단장하고 체제를 달리하여 유상으로 보급하 게 되었습니다.

『금강경』에는 경전을 받아 지니고, 읽고, 외우고, 사경하는 공덕이 그 어떤 공덕보다 우수하다 하였고, 『법화경』에는 부처님을 대신하는 다섯 가지의 법사法師가 있으니 경전을 받아 지니고, 읽고, 외우고, 해설하고, 사경하는 일이라 하였습니다.

사경하는 일이 이와 같거늘 사경수행보다 우수한 공덕과 수행의 방법이 그 어디에 있겠습니까. 실로 불교의 수많은 수행 중에서 가장 위대한 수행이라 할 수 있을 것입니다.

이번에 새롭게 도약하는 사경수행운동이 전국으로 번져 나가서 인연을 함께하는 모든 분들이 자신이 앉은 그 자리에서 〈사경수행공동체〉의 일원이 되어 사경이 불법수행의 가장 바르고 가장 유익한 수행이라는 사실을 깨닫게 되어 열심히 정진하시기를 간절히 바랍니다.

경을 쓰는 이 공덕 수승하여라.

가없는 그 복덕 모두 회향하여

이 세상의 모든 사람 모든 생명들

무량광불 나라에서 행복하여지이다.

2019년 4월 8일

신라 화엄종찰 금정산 범어사

如天 無比 합장

# 사경 발원문

사경 시작한 날 :          년          월          일

_____ 두손 모음

| 사 | 경 | 공 | 덕 | 수 | 승 | 행 |
|---|---|---|---|---|---|---|
| 寫 | 經 | 功 | 德 | 殊 | 勝 | 行 |
| 베낄 **사** | 경전 **경** | 공덕 **공** | 덕 **덕** | 다를 **수** | 뛰어날 **승** | 행할 **행** |

| 무 | 변 | 승 | 복 | 개 | 회 | 향 |
|---|---|---|---|---|---|---|
| 無 | 邊 | 勝 | 福 | 皆 | 廻 | 向 |
| 없을 **무** | 가 **변** | 뛰어날 **승** | 복 **복** | 다 **개** | 돌 **회** | 향할 **향** |

| 보 | 원 | 침 | 익 | 제 | 유 | 정 |
|---|---|---|---|---|---|---|
| 普 | 願 | 沈 | 溺 | 諸 | 有 | 情 |
| 널리 **보** | 원할 **원** | 가라앉을 **침** | 빠질 **익** | 모든 **제** | 있을 **유** | 뜻 **정** |

| 속 | 왕 | 무 | 량 | 광 | 불 | 찰 |
|---|---|---|---|---|---|---|
| 速 | 往 | 無 | 量 | 光 | 佛 | 刹 |
| 빠를 **속** | 갈 **왕** | 없을 **무** | 헤아릴 **량** | 빛 **광** | 부처 **불** | 절 **찰** |

경을 쓰는 이 공덕 수승하여라.
가없는 그 복덕 모두 회향하여
이 세상의 모든 사람 모든 생명들
무량광불 나라에서 행복하여지이다.

| 普 | 賢 | 行 | 願 | 品 | | | | |
|---|---|---|---|---|---|---|---|---|
| 넓을 **보** | 어질 **현** | 행할 **행** | 원할 **원** | 가지 **품** | | | | |

| 一 | . | 序 | 分 | | | | | | |
|---|---|---|---|---|---|---|---|---|---|
| 한 **일** | | 차례 **서** | 나눌 **분** | | | | | | |

| 爾 | 時 | 에 | 普 | 賢 | 菩 | 薩 | 摩 | 訶 | 薩 | 이 |
|---|---|---|---|---|---|---|---|---|---|---|
| 너 **이** | 때 **시** | | 넓을 **보** | 어질 **현** | 보리 **보** | 보살 **살** | 갈 **마** | 꾸짖을 **가(하)** | 보살 **살** | |

| 稱 | 歎 | 如 | 來 | 勝 | 功 | 德 | 已 | | 告 | 諸 |
|---|---|---|---|---|---|---|---|---|---|---|
| 일컬을 **칭** | 칭찬할 **탄** | 같을 **여** | 올 **래** | 수승할 **승** | 공 **공** | 덕 **덕** | 마칠 **이** | 하시고 | 알릴 **고** | 모두 **제** |

| 菩 | 薩 | 과 | 及 | 善 | 財 | 言 | | 善 | 男 | 子 |
|---|---|---|---|---|---|---|---|---|---|---|
| 보리 **보** | 보살 **살** | | 및 **급** | 착할 **선** | 재물 **재** | 말씀 **언** | 하사대 | 착할 **선** | 사내 **남** | 아들 **자** |

| 야 | 如 | 來 | 功 | 德 | 은 | 假 | 使 | 十 | 方 | 一 |
|---|---|---|---|---|---|---|---|---|---|---|
| | 같을 **여** | 올 **래** | 공 **공** | 덕 **덕** | | 가령 **가** | 가령 **사** | 열 **십(시)** | 방위 **방** | 한 **일** |

**제일. 서분**

그때에 보현보살마하살이 부처님의 거룩한 공덕을 찬탄하고 나서

여러 보살과 선재동자에게 말하였습니다.

"선남자여, 여래의 공덕은

| 切 | 諸 | 佛 | 이 | | 經 | 不 | 可 | 說 | 不 | 可 | 說 |
|---|---|---|---|---|---|---|---|---|---|---|---|
| 온통 체 | 모두 제 | 부처 불 | | | 지날 경 | 아닐 불 | 가히 가 | 말씀 설 | 아닐 불 | 가히 가 | 말씀 설 |
| 佛 | 刹 | 極 | 微 | 塵 | 數 | 劫 | 토록 | | 相 | 續 | 演 |
| 부처 불 | 절 찰 | 극진할 극 | 작을 미 | 티끌 진 | 셈 수 | 겁 겁 | | | 서로 상 | 이을 속 | 펼 연 |
| 說 | 하야도 | | 不 | 可 | 窮 | 盡 | 이니라 | 若 | 欲 | 成 | 就 |
| 말씀 설 | | | 아닐 불 | 가히 가 | 다할 궁 | 다할 진 | | 만약 약 | 하고자할 욕 | 이룰 성 | 나아갈 취 |
| 此 | 功 | 德 | 門 | 인댄 | | 應 | 修 | 十 | 種 | 廣 | 大 |
| 이 차 | 공 공 | 덕 덕 | 문 문 | | | 응당 응 | 닦을 수 | 열 십 | 종류 종 | 넓을 광 | 큰 대 |
| 行 | 願 | 이니라 | | | | | | | | | |
| 행할 행 | 원할 원 | | | | | | | | | | |

| 二 | . | | 正 | 宗 | 分 | | | | | | |
|---|---|---|---|---|---|---|---|---|---|---|---|
| 두 이 | | | 바를 정 | 마루 종 | 나눌 분 | | | | | | |

가사 시방세계 일체 모든 부처님들이 불가설 불가설 불찰미진수 겁 동안 계속하여 연설할지라도
끝까지 다하지 못할 것입니다. 만약 이러한 공덕을 성취하려면
응당 열 가지 크나큰 행원을 닦아야 합니다."

**제이. 정종분**

| 1. | | 十 | 種 | 誓 | 願 | 의 | | 名 | 稱 | |
|---|---|---|---|---|---|---|---|---|---|---|
| | | 열 십 | 종류 종 | 맹세할 서 | 원할 원 | | | 이름 명 | 일컬을 칭 | |

| 何 | 等 | 이 | | 爲 | 十 | 고 | 一 | 者 | 는 | 禮 | 敬 |
|---|---|---|---|---|---|---|---|---|---|---|---|
| 어찌 하 | 무리 등 | | | 할 위 | 열 십 | | 한 일 | 것 자 | | 예도 예 | 공경 경 |

| 諸 | 佛 | 이요 | 二 | 者 | 는 | | 稱 | 讚 | 如 | 來 | 요 |
|---|---|---|---|---|---|---|---|---|---|---|---|
| 모두 제 | 부처 불 | | 두 이 | 것 자 | | | 일컬을 칭 | 기릴 찬 | 같을 여 | 올 래 | |

| 三 | 者 | 는 | 廣 | 修 | 供 | 養 | 이요 | 四 | 者 | 는 |
|---|---|---|---|---|---|---|---|---|---|---|
| 석 삼 | 것 자 | | 넓을 광 | 닦을 수 | 이바지할 공 | 기를 양 | | 넉 사 | 것 자 | |

| 懺 | 除 | 業 | 障 | 이요 | 五 | 者 | 는 | 隨 | 喜 | 功 |
|---|---|---|---|---|---|---|---|---|---|---|
| 뉘우칠 참 | 덜 제 | 업 업 | 막을 장 | | 다섯 오 | 것 자 | | 따를 수 | 기쁠 희 | 공 공 |

| 德 | 이요 | 六 | 者 | 는 | 請 | 轉 | 法 | 輪 | 이요 | 七 |
|---|---|---|---|---|---|---|---|---|---|---|
| 덕 덕 | | 여섯 육 | 것 자 | | 청할 청 | 구를 전 | 법 법 | 바퀴 륜 | | 일곱 칠 |

| 者 | 는 | 請 | 佛 | 住 | 世 | 요 | 八 | 者 | 는 | 常 |
|---|---|---|---|---|---|---|---|---|---|---|
| 것 자 | | 청할 청 | 부처 불 | 살 주 | 세상 세 | | 여덟 팔 | 것 자 | | 항상 상 |

## 1. 열 가지 서원의 명칭

"열 가지 서원이란 무엇입니까. 첫째는 모든 부처님께 예배하고 공경함이요,

둘째는 부처님을 우러러 찬탄함이요, 셋째는 널리 공양함이요,

넷째는 스스로의 업장을 참회함이요, 다섯째는 남의 공덕을 따라 기뻐함이요,

여섯째는 설법하여 주기를 청함이요, 일곱째는 부처님이 세상에 오래 머무르시기를 청함이요,

| 隨 | 佛 | 學 | 이요 | 九 | 者 | 는 | 恒 | 順 | 衆 | 生 |
|---|---|---|---|---|---|---|---|---|---|---|
| 따를 수 | 부처 불 | 배울 학 | | 아홉 구 | 것 자 | | 항상 항 | 순할 순 | 무리 중 | 날 생 |

| 이요 | 十 | 者 | 는 | 普 | 皆 | 廻 | 向 | 이니라 | 善 | 財 |
|---|---|---|---|---|---|---|---|---|---|---|
| | 열 십 | 것 자 | | 넓을 보 | 다 개 | 돌 회 | 향할 향 | | 착할 선 | 재물 재 |

| 가 | 白 | 言 | 호대 | 大 | 聖 | 이시여 | 云 | 何 | 禮 | 敬 |
|---|---|---|---|---|---|---|---|---|---|---|
| | 아뢸 백 | 말씀 언 | | 큰 대 | 성인 성 | | 이를 운 | 어찌 하 | 예도 예 | 공경 경 |

| 으로 | 乃 | 至 | 廻 | 向 | 이니잇고 | | | | | |
|---|---|---|---|---|---|---|---|---|---|---|
| | 이에 내 | 이를 지 | 돌 회 | 향할 향 | | | | | | |

| (1) | 禮 | 敬 | 諸 | 佛 | | | | | | |
|---|---|---|---|---|---|---|---|---|---|---|
| | 예도 예 | 공경 경 | 모두 제 | 부처 불 | | | | | | |

| 普 | 賢 | 菩 | 薩 | 이 | 告 | 善 | 財 | 言 | 하사대 | 善 |
|---|---|---|---|---|---|---|---|---|---|---|
| 넓을 보 | 어질 현 | 보리 보 | 보살 살 | | 알릴 고 | 착할 선 | 재물 재 | 말씀 언 | | 착할 선 |

여덟째는 항상 부처님을 따라 배움이요,
아홉째는 항상 중생들을 수순함이요, 열째는 모두 다 회향함입니다."
선재동자가 말하였습니다. "큰 성인이시여, 어떻게 예배하고 공경하며, 내지 어떻게 회향합니까?"

**(1) 모든 부처님께 예배하고 공경하다**
보현보살이 선재동자에게 말하였습니다.

| 男 | 子 | 야 | 言 | 禮 | 敬 | 諸 | 佛 | 者 | 는 | 所 |
|---|---|---|---|---|---|---|---|---|---|---|
| 사내 남 | 아들 자 | | 말씀 언 | 예도 예 | 공경 경 | 모두 제 | 부처 불 | 것 자 | | 바 소 |
| 有 | 盡 | 法 | 界 | 虛 | 空 | 界 | 十 | 方 | 三 | 世 |
| 있을 유 | 다할 진 | 법 법 | 경계 계 | 빌 허 | 빌 공 | 경계 계 | 열 십(시) | 방위 방 | 석 삼 | 세상 세 |
| 一 | 切 | 佛 | 刹 | 極 | 微 | 塵 | 數 | 諸 | 佛 | 世 |
| 한 일 | 온통 체 | 부처 불 | 절 찰 | 극진할 극 | 작을 미 | 티끌 진 | 셈 수 | 모두 제 | 부처 불 | 세상 세 |
| 尊 | 을 | 我 | 以 | 普 | 賢 | 行 | 願 | 力 | 故 | 로 |
| 높을 존 | | 나 아 | 써 이 | 넓을 보 | 어질 현 | 행할 행 | 원할 원 | 힘 력 | 연고 고 | |
| 深 | 心 | 信 | 解 | 하야 | 如 | 對 | 目 | 前 | 하야 | 悉 |
| 깊을 심 | 마음 심 | 믿을 신 | 풀 해 | | 같을 여 | 대할 대 | 눈 목 | 앞 전 | | 다 실 |
| 以 | 淸 | 淨 | 身 | 語 | 意 | 業 | 으로 | 常 | 修 | 禮 |
| 써 이 | 맑을 청 | 깨끗할 정 | 몸 신 | 말씀 어 | 뜻 의 | 업 업 | | 항상 상 | 닦을 수 | 예도 예 |
| 敬 | 호대 | 一 | 一 | 佛 | 所 | 에 | 皆 | 現 | 不 | 可 |
| 공경 경 | | 한 일 | 한 일 | 부처 불 | 곳 소 | | 다 개 | 나타날 현 | 아닐 불 | 가히 가 |

"선남자여, 모든 부처님께 예배하고 공경한다는 것은
온 법계 허공계 시방삼세 모든 세계의 아주 작은 먼지만치 많은 수의 모든 부처님들께
나의 보현의 수행과 서원의 힘으로 깊은 마음으로 믿고 이해하여
마치 눈앞에서 뵈옵듯이 받들고, 청정한 몸과 말과 뜻으로 항상 예배하고 공경하는 것입니다.
낱낱 부처님의 처소에

| 說 | 不 | 可 | 說 | 佛 | 刹 | 極 | 微 | 塵 | 數 | 身 |
|---|---|---|---|---|---|---|---|---|---|---|
| 말씀 설 | 아닐 불 | 가히 가 | 말씀 설 | 부처 불 | 절 찰 | 극진할 극 | 작을 미 | 티끌 진 | 셈 수 | 몸 신 |
| 하야 | 一 | 一 | 身 | 으로 | 偏 | 禮 | 不 | 可 | 說 | 不 |
|  | 한 일 | 한 일 | 몸 신 |  | 두루 변 | 예도 예 | 아닐 불 | 가히 가 | 말씀 설 | 아닐 불 |
| 可 | 說 | 佛 | 刹 | 極 | 微 | 塵 | 數 | 佛 | 이니 | 虛 |
| 가히 가 | 말씀 설 | 부처 불 | 절 찰 | 극진할 극 | 작을 미 | 티끌 진 | 셈 수 | 부처 불 |  | 빌 허 |
| 空 | 界 | 盡 | 하면 | 我 | 禮 | 乃 | 盡 | 이어니와 | 以 | 虛 |
| 빌 공 | 경계 계 | 다할 진 |  | 나 아 | 예도 례 | 이에 내 | 다할 진 |  | 써 이 | 빌 허 |
| 空 | 界 | 가 | 不 | 可 | 盡 | 故 | 로 | 我 | 此 | 禮 |
| 빌 공 | 경계 계 |  | 아닐 불 | 가히 가 | 다할 진 | 연고 고 |  | 나 아 | 이 차 | 예도 예 |
| 敬 | 도 | 無 | 有 | 窮 | 盡 | 이며 | 如 | 是 | 乃 | 至 |
| 공경 경 |  | 없을 무 | 있을 유 | 다할 궁 | 다할 진 |  | 같을 여 | 이 시 | 이에 내 | 이를 지 |
| 衆 | 生 | 界 | 盡 | 하고 | 衆 | 生 | 業 | 盡 | 하고 | 衆 |
| 무리 중 | 날 생 | 경계 계 | 다할 진 |  | 무리 중 | 날 생 | 업 업 | 다할 진 |  | 무리 중 |

불가설 불가설 불찰미진수의 몸을 나타내어 그 한 몸 한 몸이
불가설 불가설 불찰미진수의 부처님께 두루두루 다 예경하는 것입니다.
허공계가 다하여야 나의 이 예경함도 다하려니와 허공계가 다할 수 없으므로
나의 이 예배하고 공경함도 다함이 없습니다. 이와 같이 내지 중생의 세계가 다하고,
중생의 업이 다하고,

| 生 | 煩 | 惱 | 盡 | 하면 | 我 | 禮 | 乃 | 盡 | 이어니와 | 而 |
|---|---|---|---|---|---|---|---|---|---|---|
| 날 생 | 번거로울 번 | 번뇌할 뇌 | 다할 진 | | 나 아 | 예도 례 | 이에 내 | 다할 진 | | 말 이을 이 |
| 衆 | 生 | 界 | 와 | 乃 | 至 | 煩 | 惱 | 가 | 無 | 有 |
| 무리 중 | 날 생 | 경계 계 | | 이에 내 | 이를 지 | 번거로울 번 | 번뇌할 뇌 | | 없을 무 | 있을 유 |
| 盡 | 故 | 로 | 我 | 此 | 禮 | 敬 | 도 | 無 | 有 | 窮 |
| 다할 진 | 연고 고 | | 나 아 | 이 차 | 예도 예 | 공경 경 | | 없을 무 | 있을 유 | 다할 궁 |
| 盡 | 이니 | 念 | 念 | 相 | 續 | 하야 | 無 | 有 | 間 | 斷 |
| 다할 진 | | 생각 염 | 생각 념 | 서로 상 | 이을 속 | | 없을 무 | 있을 유 | 사이 간 | 끊을 단 |
| 하야 | 身 | 語 | 意 | 業 | 이 | 無 | 有 | 疲 | 厭 | 이니라 |
| | 몸 신 | 말씀 어 | 뜻 의 | 업 업 | | 없을 무 | 있을 유 | 피곤할 피 | 싫어할 염 | |

| (2) | 稱 | 讚 | 如 | 來 |
|---|---|---|---|---|
| | 칭찬할 칭 | 기릴 찬 | 같을 여 | 올 래 |

중생의 번뇌가 다하여야 나의 예경함도 다하려니와,
중생계와 내지 중생의 번뇌가 다함이 없으므로 나의 이 예배하고 공경함도 다함이 없습니다.
염념이 계속하여 쉬지 않건만 몸과 말과 뜻으로 하는 이 일은 지치거나 싫어함이 없습니다."

**(2) 부처님을 우러러 찬탄하다**

| 復 | 次 | 善 | 男 | 子 | 야 | | 言 | 稱 | 讚 | 如 | 來 |
|---|---|---|---|---|---|---|---|---|---|---|---|
| 다시 부 | 버금 차 | 착할 선 | 사내 남 | 아들 자 | | | 말씀 언 | 일컬을 칭 | 기릴 찬 | 같을 여 | 올 래 |
| 者 | 는 | | 所 | 有 | 盡 | 法 | 界 | 虛 | 空 | 界 | 十 |
| 것 자 | | | 바 소 | 있을 유 | 다할 진 | 법 법 | 경계 계 | 빌 허 | 빌 공 | 경계 계 | 열 십(시) |
| 方 | 三 | 世 | 一 | 切 | 刹 | 土 | 所 | 有 | 極 | 微 |
| 방위 방 | 석 삼 | 세상 세 | 한 일 | 온통 체 | 절 찰 | 흙 토 | 바 소 | 있을 유 | 극진할 극 | 작을 미 |
| 一 | 一 | 塵 | 中 | 에 | | 皆 | 有 | 一 | 切 | 世 | 界 |
| 한 일 | 한 일 | 티끌 진 | 가운데 중 | | | 다 개 | 있을 유 | 한 일 | 온통 체 | 세상 세 | 경계 계 |
| 極 | 微 | 塵 | 數 | 佛 | 하며 | | 一 | 一 | 佛 | 所 | 에 |
| 극진할 극 | 작을 미 | 티끌 진 | 셈 수 | 부처 불 | | | 한 일 | 한 일 | 부처 불 | 곳 소 | |
| 皆 | 有 | 菩 | 薩 | 海 | 會 | 圍 | 繞 | 어든 | | 我 | 當 |
| 다 개 | 있을 유 | 보리 보 | 보살 살 | 바다 해 | 모일 회 | 에워쌀 위 | 두를 요 | | | 나 아 | 마땅할 당 |
| 悉 | 以 | 甚 | 深 | 勝 | 解 | 現 | 前 | 知 | 見 | 으로 |
| 다 실 | 써 이 | 심할 심 | 깊을 심 | 수승할 승 | 풀 해 | 나타날 현 | 앞 전 | 알 지 | 볼 견 | |

"선남자여, 부처님을 찬탄한다는 것은 온 법계와 허공계, 시방삼세 일체 국토의
아주 작은 낱낱 먼지 가운데에 일체 세계의 아주 작은 먼지 수처럼 많은 부처님이 계시고,
낱낱 부처님이 계신 데마다 다 보살 대중들이 모여 둘러싸고 모시는 것입니다.
내가 마땅히 매우 깊고 훌륭한 지혜로써 부처님 앞에 나타나 있듯이 알아보며,

| 各 | 以 | 出 | 過 | 辯 | 才 | 天 | 女 | 微 | 妙 | 舌 |
|---|---|---|---|---|---|---|---|---|---|---|
| 각각 각 | 써 이 | 날 출 | 지날 과 | 말씀 변 | 재주 재 | 하늘 천 | 여자 녀 | 작을 미 | 묘할 묘 | 혀 설 |
| 根 | 하야 | 一 | 一 | 舌 | 根 | 에 | 出 | 無 | 盡 | 音 |
| 뿌리 근 | | 한 일 | 한 일 | 혀 설 | 뿌리 근 | | 날 출 | 없을 무 | 다할 진 | 소리 음 |
| 聲 | 海 | 하며 | 一 | 一 | 音 | 聲 | 에 | 出 | 一 | 切 |
| 소리 성 | 바다 해 | | 한 일 | 한 일 | 소리 음 | 소리 성 | | 날 출 | 한 일 | 온통 체 |
| 言 | 詞 | 海 | 하야 | 稱 | 揚 | 讚 | 歎 | 一 | 切 | 如 |
| 말씀 언 | 말씀 사 | 바다 해 | | 일컬을 칭 | 날릴 양 | 기릴 찬 | 칭찬할 탄 | 한 일 | 온통 체 | 같을 여 |
| 來 | 諸 | 功 | 德 | 海 | 호대 | 窮 | 未 | 來 | 際 | 토록 |
| 올 래 | 모두 제 | 공 공 | 덕 덕 | 바다 해 | | 다할 궁 | 아닐 미 | 올 래 | 즈음 제 | |
| 相 | 續 | 不 | 斷 | 하야 | 盡 | 於 | 法 | 界 | 하야 | 無 |
| 서로 상 | 이을 속 | 아닐 부 | 끊을 단 | | 다할 진 | 어조사 어 | 법 법 | 경계 계 | | 없을 무 |
| 不 | 周 | 徧 | 이니라 | 如 | 是 | 虛 | 空 | 界 | 盡 | 하며 |
| 아닐 부 | 두루 주 | 두루 변 | | 같을 여 | 이 시 | 빌 허 | 빌 공 | 경계 계 | 다할 진 | |

변재가 뛰어난 하늘 여인의 미묘한 혀보다 더 훌륭한 혀를 내어

그 낱낱 혀로 그지없는 소리를 내고, 낱낱 소리로 온갖 말을 다 내어,

모든 부처님들의 온갖 공덕을 찬탄하는 것입니다.

그 찬탄이 오는 세월이 다하도록 계속하여 그치지 않아 온 법계에 두루두루 하는 것입니다.

이와 같이 하여 허공계가 끝나고

| 衆 | 生 | 界 | 盡 | 하며 | 衆 | 生 | 業 | 盡 | 하며 | 衆 |
|---|---|---|---|---|---|---|---|---|---|---|
| 무리 중 | 날 생 | 경계 계 | 다할 진 | | 무리 중 | 날 생 | 업 업 | 다할 진 | | 무리 중 |
| 生 | 煩 | 惱 | 盡 | 이면 | 我 | 讚 | 乃 | 盡 | 이어니와 | 而 |
| 날 생 | 번거로울 번 | 번뇌할 뇌 | 다할 진 | | 나 아 | 기릴 찬 | 이에 내 | 다할 진 | | 말 이을 이 |
| 虛 | 空 | 界 | 와 | 乃 | 至 | 煩 | 惱 | 가 | 無 | 有 |
| 빌 허 | 빌 공 | 경계 계 | | 이에 내 | 이를 지 | 번거로울 번 | 번뇌할 뇌 | | 없을 무 | 있을 유 |
| 盡 | 故 | 로 | 我 | 此 | 讚 | 歎 | 도 | 無 | 有 | 窮 |
| 다할 진 | 연고 고 | | 나 아 | 이 차 | 기릴 찬 | 칭찬할 탄 | | 없을 무 | 있을 유 | 다할 궁 |
| 盡 | 이니 | 念 | 念 | 相 | 續 | 하야 | 無 | 有 | 間 | 斷 |
| 다할 진 | | 생각 염 | 생각 념 | 서로 상 | 이을 속 | | 없을 무 | 있을 유 | 사이 간 | 끊을 단 |
| 하야 | 身 | 語 | 意 | 業 | 이 | 無 | 有 | 疲 | 厭 | 이니라 |
| | 몸 신 | 말씀 어 | 뜻 의 | 업 업 | | 없을 무 | 있을 유 | 피곤할 피 | 싫어할 염 | |

중생계가 끝나고 중생의 업이 끝나고 중생의 번뇌가 끝나야 나의 찬탄이 끝나려니와,
허공계와 내지 중생의 번뇌가 끝날 수 없으므로 나의 찬탄도 끝나지 않습니다.
염념이 계속하여 잠깐도 쉬지 않건만
몸과 말과 뜻으로 하는 이 일은 지치거나 싫어함이 없습니다."

(3) 廣修供養

| 廣 | 修 | 供 | 養 | | | | | |
|---|---|---|---|---|---|---|---|---|
| 넓을 광 | 닦을 수 | 이바지할 공 | 기를 양 | | | | | |

| 復 | 次 | 善 | 男 | 子 | 야 | 言 | 廣 | 修 | 供 | 養 |
|---|---|---|---|---|---|---|---|---|---|---|
| 다시 부 | 버금 차 | 착할 선 | 사내 남 | 아들 자 | | 말씀 언 | 넓을 광 | 닦을 수 | 이바지할 공 | 기를 양 |

| 者 | 는 | 所 | 有 | 盡 | 法 | 界 | 虛 | 空 | 界 | 十 |
|---|---|---|---|---|---|---|---|---|---|---|
| 것 자 | | 바 소 | 있을 유 | 다할 진 | 법 법 | 경계 계 | 빌 허 | 빌 공 | 경계 계 | 열 십(시) |

| 方 | 三 | 世 | 一 | 切 | 佛 | 刹 | 極 | 微 | 塵 | 中 |
|---|---|---|---|---|---|---|---|---|---|---|
| 방위 방 | 석 삼 | 세상 세 | 한 일 | 온통 체 | 부처 불 | 절 찰 | 극진할 극 | 작을 미 | 티끌 진 | 가운데 중 |

| 에 | 一 | 一 | 各 | 有 | 一 | 切 | 世 | 界 | 極 | 微 |
|---|---|---|---|---|---|---|---|---|---|---|
| | 한 일 | 한 일 | 각각 각 | 있을 유 | 한 일 | 온통 체 | 세상 세 | 경계 계 | 극진할 극 | 작을 미 |

| 塵 | 數 | 佛 | 하며 | 一 | 一 | 佛 | 所 | 에 | 種 | 種 |
|---|---|---|---|---|---|---|---|---|---|---|
| 티끌 진 | 셈 수 | 부처 불 | | 한 일 | 한 일 | 부처 불 | 곳 소 | | 종류 종 | 종류 종 |

| 菩 | 薩 | 海 | 會 | 가 | 圍 | 繞 | 어든 | 我 | 以 | 普 |
|---|---|---|---|---|---|---|---|---|---|---|
| 보리 보 | 보살 살 | 바다 해 | 모일 회 | | 에워쌀 위 | 두를 요 | | 나 아 | 써 이 | 넓을 보 |

**(3) 널리 공양 올리다**

"다시 또 선남자여, 널리 공양한다는 것은 온 법계 허공계의 시방삼세 모든 세계의 먼지 속에
낱낱이 모든 세계의 먼지 수처럼 많은 부처님이 계시고,
그 낱낱 부처님 처소마다 가지가지 보살 대중들이 모여 둘러싸고 모시는 것입니다.

| 賢 | 行 | 願 | 力 | 故 | 로 | | 起 | 深 | 信 | 解 | 하며 |
|---|---|---|---|---|---|---|---|---|---|---|---|
| 어질 현 | 행할 행 | 원할 원 | 힘 력 | 연고 고 | | | 일어날 기 | 깊을 심 | 믿을 신 | 풀 해 | |
| 現 | 前 | 知 | 見 | | 하야 | 悉 | 以 | 上 | 妙 | 諸 | 供 |
| 나타날 현 | 앞 전 | 알 지 | 볼 견 | | | 다 실 | 써 이 | 위 상 | 묘할 묘 | 모두 제 | 이바지할 공 |
| 養 | 具 | 로 | 而 | 爲 | 供 | 養 | 이니라 | | 所 | 謂 | 華 |
| 기를 양 | 갖출 구 | | 말 이을 이 | 할 위 | 이바지할 공 | 기를 양 | | | 바 소 | 이를 위 | 꽃 화 |
| 雲 | 과 | 鬘 | 雲 | 과 | | 天 | 音 | 樂 | 雲 | 과 | 天 |
| 구름 운 | | 머리장식만 | 구름 운 | | | 하늘 천 | 소리 음 | 노래 악 | 구름 운 | | 하늘 천 |
| 傘 | 蓋 | 雲 | 과 | 天 | 衣 | 服 | 雲 | 과 | | 天 | 種 |
| 우산 산 | 덮을 개 | 구름 운 | | 하늘 천 | 옷 의 | 옷 복 | 구름 운 | | | 하늘 천 | 종류 종 |
| 種 | 香 | 과 | 塗 | 香 | 과 | 燒 | 香 | 과 | | 末 | 香 |
| 종류 종 | 향기 향 | | 칠할 도 | 향기 향 | | 불사를 소 | 향기 향 | | | 끝 말 | 향기 향 |
| 이라 | 如 | 是 | 等 | 雲 | 이 | 一 | 一 | 量 | 如 | 須 | |
| | 같을 여 | 이 시 | 무리 등 | 구름 운 | | 한 일 | 한 일 | 헤아릴 양 | 같을 여 | 모름지기 수 | |

내가 보현보살의 수행과 서원의 힘으로 깊은 믿음과 이해를 일으켜서
부처님 앞에 나타나 있듯이 알아보며, 모두 훌륭한 공양거리로 공양합니다.
이른바 꽃과 꽃다발과 천상의 음악과 천상의 일산과 천상의 옷과
천상의 여러 가지 향과 바르는 향과 사르는 향과 가루 향입니다.
이와 같은 무더기 하나하나를 수미산과 같이 크게 합니다.

| 彌 | 山 | 王 | 하며 | 然 | 種 | 種 | 燈 | 호대 | 酥 | 燈 |
|---|---|---|---|---|---|---|---|---|---|---|
| 두루 미 | 뫼 산 | 임금 왕 | | 불탈 연 | 종류 종 | 종류 종 | 등불 등 | | 연유 소 | 등불 등 |
| 油 | 燈 | 과 | 諸 | 香 | 油 | 燈 | 이니 | 一 | 一 | 燈 |
| 기름 유 | 등불 등 | | 모두 제 | 향기 향 | 기름 유 | 등불 등 | | 한 일 | 한 일 | 등불 등 |
| 炷 | 가 | 如 | 須 | 彌 | 山 | 하며 | 一 | 一 | 燈 | 油 |
| 심지 주 | | 같을 여 | 모름지기 수 | 두루 미 | 뫼 산 | | 한 일 | 한 일 | 등불 등 | 기름 유 |
| 가 | 如 | 大 | 海 | 水 | 하야 | 以 | 如 | 是 | 等 | 諸 |
| | 같을 여 | 큰 대 | 바다 해 | 물 수 | | 써 이 | 같을 여 | 이 시 | 무리 등 | 모두 제 |
| 供 | 養 | 具 | 로 | 常 | 爲 | 供 | 養 | 이니라 | 善 | 男 |
| 이바지할 공 | 기를 양 | 갖출 구 | | 항상 상 | 할 위 | 이바지할 공 | 기를 양 | | 착할 선 | 사내 남 |
| 子 | 야 | 諸 | 供 | 養 | 中 | 에 | 法 | 供 | 養 | 이 |
| 아들 자 | | 모두 제 | 이바지할 공 | 기를 양 | 가운데 중 | | 법 법 | 이바지할 공 | 기를 양 | |
| 最 | 니 | 所 | 謂 | 如 | 說 | 修 | 行 | 供 | 養 | 과 |
| 가장 최 | | 바 소 | 이를 위 | 같을 여 | 말씀 설 | 닦을 수 | 행할 행 | 이바지할 공 | 기를 양 | |

또 여러 가지 등불을 켜는데 우유 등과 기름 등과 온갖 향유 등인데
낱낱 등의 심지는 수미산과 같고, 낱낱 등의 기름은 큰 바닷물과 같은
이러한 공양거리로 항상 공양합니다.
선남자여, 모든 공양 가운데는 법공양이 으뜸입니다.
부처님 말씀대로 수행하는 공양과

| 利 | 益 | 衆 | 生 | 供 | 養 | 과 | 攝 | 受 | 衆 | 生 |
|---|---|---|---|---|---|---|---|---|---|---|
| 이로울 이 | 더할 익 | 무리 중 | 날 생 | 이바지할공 | 기를 양 | | 거둘 섭 | 받을 수 | 무리 중 | 날 생 |
| 供 | 養 | 과 | 代 | 衆 | 生 | 苦 | 供 | 養 | 과 | 勤 |
| 이바지할공 | 기를 양 | | 대신할 대 | 무리 중 | 날 생 | 괴로울 고 | 이바지할공 | 기를 양 | | 부지런할근 |
| 修 | 善 | 根 | 供 | 養 | 과 | 不 | 捨 | 菩 | 薩 | 業 |
| 닦을 수 | 착할 선 | 뿌리 근 | 이바지할공 | 기를 양 | | 아닐 불 | 버릴 사 | 보리 보 | 보살 살 | 업 업 |
| 供 | 養 | 과 | 不 | 離 | 菩 | 提 | 心 | 供 | 養 | 이니라 |
| 이바지할공 | 기를 양 | | 아닐 불 | 떠날 리 | 보리 보 | 끌 제(리) | 마음 심 | 이바지할공 | 기를 양 | |
| 善 | 男 | 子 | 야 | 如 | 前 | 供 | 養 | 無 | 量 | 功 |
| 착할 선 | 사내 남 | 아들 자 | | 같을 여 | 앞 전 | 이바지할공 | 기를 양 | 없을 무 | 헤아릴 량 | 공 공 |
| 德 | 으로 | 比 | 法 | 供 | 養 | 一 | 念 | 功 | 德 | 컨대 |
| 덕 덕 | | 견줄 비 | 법 법 | 이바지할공 | 기를 양 | 한 일 | 생각 념 | 공 공 | 덕 덕 | |
| 百 | 分 | 에 | 不 | 及 | 一 | 이며 | 千 | 分 | 에 | 不 |
| 일백 백 | 나눌 분 | | 아닐 불 | 미칠 급 | 한 일 | | 일천 천 | 나눌 분 | | 아닐 불 |

중생들을 이롭게 하는 공양과 중생들을 거두어 주는 공양과 중생들의 고통을 대신하는 공양과
부지런히 선근을 닦는 공양과 보살의 할 일을 버리지 않는 공양과
보리심을 여의지 않는 공양이 그것입니다.
선남자여, 먼저 말한 여러 가지로 공양한 한량없는 공덕을
한순간 잠깐 법으로 공양한 공덕에 비하면 백분의 일이 못 되고, 천분의 일이 못 되며,

| 及 | 一 | 이며 | 百 | 千 | 俱 | 胝 | 那 | 由 | 他 | 分 |
|---|---|---|---|---|---|---|---|---|---|---|
| 미칠 급 | 한 일 | | 일백 백 | 일천 천 | 함께 구 | 굳은살 지 | 어찌 나 | 말미암을 유 | 다를 타 | 나눌 분 |
| 과 | 迦 | 羅 | 分 | 과 | 算 | 分 | 과 | 數 | 分 | 과 |
| | 부처이름 가 | 그물 라 | 나눌 분 | | 셈 산 | 나눌 분 | | 셈 수 | 나눌 분 | |
| 喩 | 分 | 과 | 優 | 波 | 尼 | 沙 | 陀 | 分 | 에도 | 亦 |
| 비유할 유 | 나눌 분 | | 넉넉할 우 | 물결 파 | 여승 니 | 모래 사 | 비탈질 타 | 나눌 분 | | 또 역 |
| 不 | 及 | 一 | 이니라 | 何 | 以 | 故 | 오 | 以 | 諸 | 如 |
| 아닐 불 | 미칠 급 | 한 일 | | 어찌 하 | 써 이 | 연고 고 | | 써 이 | 모두 제 | 같을 여 |
| 來 | 는 | 尊 | 重 | 法 | 故 | 며 | 以 | 如 | 說 | 行 |
| 올 래 | | 높을 존 | 무거울 중 | 법 법 | 연고 고 | | 써 이 | 같을 여 | 말씀 설 | 행할 행 |
| 에 | 出 | 生 | 諸 | 佛 | 故 | 라 | 若 | 諸 | 菩 | 薩 |
| | 날 출 | 날 생 | 모두 제 | 부처 불 | 연고 고 | | 만약 약 | 모두 제 | 보리 보 | 보살 살 |
| 이 | 行 | 法 | 供 | 養 | 하면 | 則 | 得 | 成 | 就 | 供 |
| | 행할 행 | 법 법 | 이바지할 공 | 기를 양 | | 곧 즉 | 얻을 득 | 이룰 성 | 나아갈 취 | 이바지할 공 |

백천 구지 나유타 분의 일이 못 되며,

가라분과 산분, 수분, 비유분과 우파니사타분의 일도 못 됩니다.

왜냐하면 모든 부처님들은 법을 존중하기 때문입니다.

부처님의 말씀대로 수행하는 것이 부처님을 출생하기 때문입니다.

만약 모든 보살들이 법공양을 행하면 이것이 곧 부처님께 공양함을 성취하는 것이며,

養 如 來
기를 양 · 같을 여 · 올 래 · 니

如 是 修 行 이
같을 여 · 이 시 · 닦을 수 · 행할 행

是 眞
이 시 · 참 진

供 養 故 니라
이바지할 공 · 기를 양 · 연고 고

此 廣 大 最 勝 供 養
이 차 · 넓을 광 · 큰 대 · 가장 최 · 수승할 승 · 이바지할 공 · 기를 양

을

虛 空 界 盡 하며
빌 허 · 빌 공 · 경계 계 · 다할 진

衆 生 界 盡 하며
무리 중 · 날 생 · 경계 계 · 다할 진

衆 生 業 盡 하며
무리 중 · 날 생 · 업 업 · 다할 진

衆 生 煩 惱 盡 하면
무리 중 · 날 생 · 번거로울 번 · 번뇌할 뇌 · 다할 진

我 供 乃 盡 이어니와
나 아 · 이바지할 공 · 이에 내 · 다할 진

而 虛 空 界 와 乃
말 이을 이 · 빌 허 · 빌 공 · 경계 계 · 이에 내

至 煩 惱 가
이를 지 · 번거로울 번 · 번뇌할 뇌

不 可 盡 故 로
아닐 불 · 가히 가 · 다할 진 · 연고 고

我 此
나 아 · 이 차

供 養 도
이바지할 공 · 기를 양

亦 無 有 盡 이니라
또 역 · 없을 무 · 있을 유 · 다할 진

念 念 相
생각 염 · 생각 념 · 서로 상

이와 같이 수행함이 진실한 공양이기 때문입니다.

이것은 넓고 크고 가장 훌륭한 공양이니 허공계가 끝나고 중생계가 끝나고

중생의 업이 끝나고 중생의 번뇌가 끝나야 나의 공양이 끝나려니와

허공계와 내지 중생의 번뇌가 끝날 수 없으므로 나의 이 공양도 끝나지 않습니다.

| 續 | 하야 | 無 | 有 | 間 | 斷 | 하야 | 身 | 語 | 意 | 業 |
|---|---|---|---|---|---|---|---|---|---|---|
| 이을 속 | | 없을 무 | 있을 유 | 사이 간 | 끊을 단 | | 몸 신 | 말씀 어 | 뜻 의 | 업 업 |
| 이 | | 無 | 有 | 疲 | 厭 | 이니라 | | | | |
| | | 없을 무 | 있을 유 | 피곤할 피 | 싫어할 염 | | | | | |

| (4) | 懺 | 除 | 業 | 障 | | | | | | |
|---|---|---|---|---|---|---|---|---|---|---|
| | 뉘우칠 참 | 덜 제 | 업 업 | 막을 장 | | | | | | |
| 復 | 次 | 善 | 男 | 子 | 야 | 言 | 懺 | 除 | 業 | 障 |
| 다시 부 | 버금 차 | 착할 선 | 사내 남 | 아들 자 | | 말씀 언 | 뉘우칠 참 | 덜 제 | 업 업 | 막을 장 |
| 者 | 는 | 菩 | 薩 | 이 | 自 | 念 | 호대 | 我 | 於 | 過 |
| 것 자 | | 보리 보 | 보살 살 | | 스스로 자 | 생각 념 | | 나 아 | 어조사 어 | 지날 과 |
| 去 | 無 | 始 | 劫 | 中 | 에 | 由 | 貪 | 瞋 | 癡 | 하야 |
| 갈 거 | 없을 무 | 비로소 시 | 겁 겁 | 가운데 중 | | 말미암을 유 | 탐낼 탐 | 성낼 진 | 어리석을 치 | |

염념이 계속하여 잠깐도 쉬지 않건만 몸과 말과 뜻으로 하는 일은 지치거나 싫어함이 없습니다."

**(4) 업장을 참회하다**
"다시 또 선남자여, 업장을 참회한다는 것은 보살이 스스로 생각하기를
'내가 지나간 세상 아주 오랜 겁 동안에 탐내고, 성내고, 어리석은 탓으로

| 發 | 身 | 口 | 意 | 하야 | 作 | 諸 | 惡 | 業 | 이 | | 無 |
|---|---|---|---|---|---|---|---|---|---|---|---|
| 발할 발 | 몸 신 | 입 구 | 뜻 의 | | 지을 작 | 모두 제 | 악할 악 | 업 업 | | | 없을 무 |
| 量 | 無 | 邊 | 하니 | 若 | 此 | 惡 | 業 | 이 | | 有 | 體 |
| 헤아릴 량 | 없을 무 | 가 변 | | 만약 약 | 이 차 | 악할 악 | 업 업 | | | 있을 유 | 몸 체 |
| 相 | 者 | 인댄 | 盡 | 虛 | 空 | 界 | 에 | | 不 | 能 | 容 |
| 모양 상 | 것 자 | | 다할 진 | 빌 허 | 빌 공 | 경계 계 | | | 아닐 불 | 능할 능 | 담을 용 |
| 受 | 리라 | 我 | 今 | 悉 | 以 | 淸 | 淨 | 三 | 業 | 으로 | |
| 받을 수 | | 나 아 | 이제 금 | 다 실 | 써 이 | 맑을 청 | 깨끗할 정 | 석 삼 | 업 업 | | |
| 徧 | 於 | 法 | 界 | 極 | 微 | 塵 | 刹 | 一 | 切 | 諸 | |
| 두루 변 | 어조사 어 | 법 법 | 경계 계 | 극진할 극 | 작을 미 | 티끌 진 | 절 찰 | 한 일 | 온통 체 | 모두 제 | |
| 佛 | 菩 | 薩 | 衆 | 前 | 하야 | 誠 | 心 | 懺 | 悔 | 하고 | |
| 부처 불 | 보리 보 | 보살 살 | 무리 중 | 앞 전 | | 정성 성 | 마음 심 | 뉘우칠 참 | 뉘우칠 회 | | |
| 後 | 不 | 復 | 造 | 하야 | 恒 | 住 | 淨 | 戒 | 一 | 切 | |
| 뒤 후 | 아닐 불 | 다시 부 | 지을 조 | | 항상 항 | 살 주 | 깨끗할 정 | 경계할 계 | 한 일 | 온통 체 | |

몸과 말과 생각을 놀리어 온갖 악한 업을 지은 것이 한량없고 가없으니,
만일 그 악한 업이 형상이 있다면 끝없는 허공으로도 그것을 다 용납할 수 없으리라.
내가 이제 청정한 세 가지 업으로 법계에 두루 한 아주 작은 먼지 수와 같이 많은 세계의
모든 부처님과 보살 대중 앞에 지성으로 참회하고 다시는 악한 업을 짓지 않으며
깨끗한 계율의 모든 공덕에 항상 머물리라.'라고 하는 것입니다.

| 功 | 德 | 이라하나라 | 如 | 是 | 虛 | 空 | 界 | 盡 | 하며 | 眾 |
|---|---|---|---|---|---|---|---|---|---|---|
| 공공 | 덕덕 | | 같을 여 | 이시 | 빌 허 | 빌공 | 경계 계 | 다할 진 | | 무리 중 |
| 生 | 界 | 盡 | 하며 | 眾 | 生 | 業 | 盡 | 하며 | 眾 | 生 |
| 날 생 | 경계 계 | 다할 진 | | 무리 중 | 날 생 | 업 업 | 다할 진 | | 무리 중 | 날 생 |
| 煩 | 惱 | 盡 | 이면 | 我 | 懺 | 乃 | 盡 | 이어니와 | 而 | 虛 |
| 번거로울 번 | 번뇌할 뇌 | 다할 진 | | 나 아 | 뉘우칠 참 | 이에 내 | 다할 진 | | 말 이을 이 | 빌 허 |
| 空 | 界 | 와 | 乃 | 至 | 眾 | 生 | 煩 | 惱 | 가 | 不 |
| 빌공 | 경계 계 | | 이에 내 | 이를 지 | 무리 중 | 날 생 | 번거로울 번 | 번뇌할 뇌 | | 아닐 불 |
| 可 | 盡 | 故 | 로 | 我 | 此 | 懺 | 悔 | 도 | 無 | 有 |
| 가히 가 | 다할 진 | 연고 고 | | 나 아 | 이 차 | 뉘우칠 참 | 뉘우칠 회 | | 없을 무 | 있을 유 |
| 窮 | 盡 | 이니 | 念 | 念 | 相 | 續 | 하야 | | 無 | 有 | 間 |
| 다할 궁 | 다할 진 | | 생각 염 | 생각 념 | 서로 상 | 이을 속 | | | 없을 무 | 있을 유 | 사이 간 |
| 斷 | 하야 | 身 | 語 | 意 | 業 | 이 | | 無 | 有 | 疲 | 厭 |
| 끊을 단 | | 몸 신 | 말씀 어 | 뜻 의 | 업 업 | | | 없을 무 | 있을 유 | 피곤할 피 | 싫어할 염 |

이와 같이 허공계가 끝나고, 중생계가 끝나고, 중생의 업이 끝나고,

중생의 번뇌가 끝나야 나의 참회도 끝나려니와,

허공계와 내지 중생의 번뇌가 끝날 수 없으므로 나의 이 참회도 끝나지 않습니다.

염념이 계속하여 잠깐도 쉬지 않건만

몸과 말과 뜻으로 하는 일은 지치거나 싫어함이 없습니다."

|  |  |  |  |  |  |  |  |  |  |  |  |  |
|---|---|---|---|---|---|---|---|---|---|---|---|---|
| 이니라 |  |  |  |  |  |  |  |  |  |  |  |  |

|  |  |  |  |  |  |  |  |  |  |  |  |
|---|---|---|---|---|---|---|---|---|---|---|---|
| (5) | 隨 | 喜 | 功 | 德 |  |  |  |  |  |  |  |
|  | 따를 **수** | 기쁠 **희** | 공 **공** | 덕 **덕** |  |  |  |  |  |  |  |
| 復 | 次 | 善 | 男 | 子 | 야 | 言 | 隨 | 喜 | 功 | 德 |  |
| 다시 **부** | 버금 **차** | 착할 **선** | 사내 **남** | 아들 **자** |  | 말씀 **언** | 따를 **수** | 기쁠 **희** | 공 **공** | 덕 **덕** |  |
| 者 | 는 | 所 | 有 | 盡 | 法 | 界 | 虛 | 空 | 界 | 十 |  |
| 것 **자** |  | 바 **소** | 있을 **유** | 다할 **진** | 법 **법** | 경계 **계** | 빌 **허** | 빌 **공** | 경계 **계** | 열 **십(시)** |  |
| 方 | 三 | 世 | 一 | 切 | 佛 | 刹 | 極 | 微 | 塵 | 數 |  |
| 방위 **방** | 석 **삼** | 세상 **세** | 한 **일** | 온통 **체** | 부처 **불** | 절 **찰** | 극진할 **극** | 작을 **미** | 티끌 **진** | 셈 **수** |  |
| 諸 | 佛 | 如 | 來 | 가 | 從 | 初 | 發 | 心 | 으로 |  | 爲 |
| 모두 **제** | 부처 **불** | 같을 **여** | 올 **래** |  | 좇을 **종** | 처음 **초** | 발할 **발** | 마음 **심** |  |  | 위할 **위** |

**(5) 남의 공덕을 따라 기뻐하다**

"다시 또 선남자여, 남의 공덕을 따라 기뻐한다는 것은
온 법계 허공계 시방삼세 모든 세계의 아주 작은 먼지만치 많은 수의 여러 부처님들이
처음 발심한 때로부터

| 一 | 切 | 智 | 하사 | 勤 | 修 | 福 | 聚 | 하야 | | 不 | 惜 |
|---|---|---|---|---|---|---|---|---|---|---|---|
| 한 **일** | 온통 **체** | 슬기 **지** | | 부지런할**근** | 닦을 **수** | 복 **복** | 모을 **취** | | | 아닐 **불** | 아낄 **석** |
| 身 | 命 | | 하고 | 經 | 不 | 可 | 說 | 不 | 可 | 說 | 佛 |
| 몸 **신** | 목숨 **명** | | | 지날 **경** | 아닐 **불** | 가히 **가** | 말씀 **설** | 아닐 **불** | 가히 **가** | 말씀 **설** | 부처 **불** |
| 刹 | 極 | 微 | 塵 | 數 | 劫 | 토록 | 一 | 一 | 劫 | 中 |
| 절 **찰** | 극진할 **극** | 작을 **미** | 티끌 **진** | 셈 **수** | 겁 **겁** | | 한 **일** | 한 **일** | 겁 **겁** | 가운데 **중** |
| 에 | 捨 | 不 | 可 | 說 | 不 | 可 | 說 | 佛 | 刹 | 極 |
| | 버릴 **사** | 아닐 **불** | 가히 **가** | 말씀 **설** | 아닐 **불** | 가히 **가** | 말씀 **설** | 부처 **불** | 절 **찰** | 극진할 **극** |
| 微 | 塵 | 數 | 頭 | 目 | 手 | 足 | 하야 | 如 | 是 | 一 |
| 작을 **미** | 티끌 **진** | 셈 **수** | 머리 **두** | 눈 **목** | 손 **수** | 발 **족** | | 같을 **여** | 이 **시** | 한 **일** |
| 切 | 難 | 行 | 苦 | 行 | 으로 | 圓 | 滿 | 種 | 種 | 波 |
| 온통 **체** | 어려울 **난** | 행할 **행** | 괴로울 **고** | 행할 **행** | | 둥글 **원** | 찰 **만** | 종류 **종** | 종류 **종** | 물결 **파(바)** |
| 羅 | 蜜 | 門 | 하고 | 證 | 入 | 種 | 種 | 菩 | 薩 | 智 |
| 그물 **라** | 꿀 **밀** | 문 **문** | | 증할 **증** | 들 **입** | 종류 **종** | 종류 **종** | 보리 **보** | 보살 **살** | 슬기 **지** |

일체 지혜를 위하여 복덕을 부지런히 닦을 적에 몸과 목숨을 아끼지 않고,

이루 다 말할 수 없이 말할 수 없는 많은 세계의 아주 작은 먼지만치 많은 수의 겁을 지나는 동안

낱낱 겁 가운데 이루 다 말할 수 없이 말할 수 없는 많은 세계의

아주 작은 먼지만치 많은 수의 머리와 눈과 손과 발을 보시하는 것입니다.

이와 같이 온갖 행하기 어려운 고행을 행하면서 갖가지 바라밀다문을 원만히 갖추었습니다.

또한 갖가지 보살의 지혜에 들어가

| 地 하야 | | 成 | 就 | 諸 | 佛 | 無 | 上 | 菩 | 提 와 | |
|---|---|---|---|---|---|---|---|---|---|---|
| 땅 지 | | 이룰 성 | 나아갈 취 | 모두 제 | 부처 불 | 없을 무 | 위 상 | 보리 보 | 끌 제(리) 와 | |
| 及 | 般 | 涅 | 槃 에 | | 分 | 布 | 舍 | 利 한 | | 所 |
| 및 급 | 일반 반 | 개흙 열 | 쟁반 반 | | 나눌 분 | 펼 포 | 집 사 | 이로울 리 한 | | 바 소 |
| 有 | 善 | 根 을 | | 我 | 皆 | 隨 | 喜 하며 | | 及 | 彼 |
| 있을 유 | 착할 선 | 뿌리 근 | | 나 아 | 다 개 | 따를 수 | 기쁠 희 하며 | | 및 급 | 저 피 |
| 十 | 方 | 一 | 切 | 世 | 界 | 六 | 趣 | 四 | 生 | 一 |
| 열 십(시) | 방위 방 | 한 일 | 온통 체 | 세상 세 | 경계 계 | 여섯 육 | 갈래 취 | 넉 사 | 날 생 | 한 일 |
| 切 | 種 | 類 의 | | 所 | 有 | 功 | 德 을 | | 乃 | 至 |
| 온통 체 | 종류 종 | 무리 류 의 | | 바 소 | 있을 유 | 공 공 | 덕 덕 을 | | 이에 내 | 이를 지 |
| 一 | 塵 이라도 | | 我 | 皆 | 隨 | 喜 하며 | | 十 | 方 | 三 |
| 한 일 | 티끌 진 이라도 | | 나 아 | 다 개 | 따를 수 | 기쁠 희 하며 | | 열 십(시) | 방위 방 | 석 삼 |
| 世 | 一 | 切 | 聲 | 聞 과 | | 及 | 辟 | 支 | 佛 인 | |
| 세상 세 | 한 일 | 온통 체 | 소리 성 | 들을 문 과 | | 및 급 | 임금 벽 | 지탱할 지 | 부처 불 인 | |

모든 부처님의 가장 훌륭한 보리를 성취하였으며,
열반에 든 뒤에는 그 사리를 나누어 공양하였나니, 그 모든 훌륭한 일들을 내가 모두 따라 기뻐합니다.
또 시방 모든 세계의 여섯 갈래 길에서 네 가지로 생겨나는 모든 종류들이
지은 바 공덕과 내지 한 개의 먼지만 한 것이라도 내가 모두 따라서 기뻐합니다.
또 시방삼세 모든 성문과 벽지불의

| 有 | 學 | 無 | 學 | 의 |  | 所 | 有 | 功 | 德 | 을 | 我 |
|---|---|---|---|---|---|---|---|---|---|---|---|
| 있을 유 | 배울 학 | 없을 무 | 배울 학 |  |  | 바 소 | 있을 유 | 공 공 | 덕 덕 |  | 나 아 |
| 皆 | 隨 | 喜 |  | 하며 | 一 | 切 | 菩 | 薩 | 의 |  | 所 | 修 |
| 다 개 | 따를 수 | 기쁠 희 |  |  | 한 일 | 온통 체 | 보리 보 | 보살 살 |  |  | 바 소 | 닦을 수 |
| 無 | 量 | 難 | 行 | 苦 | 行 | 으로 |  | 志 | 求 | 無 | 上 |
| 없을 무 | 헤아릴 량 | 어려울 난 | 행할 행 | 괴로울 고 | 행할 행 |  |  | 뜻 지 | 구할 구 | 없을 무 | 위 상 |
| 正 | 等 | 菩 | 提 | 하는 |  | 廣 | 大 | 功 | 德 | 을 | 我 |
| 바를 정 | 같을 등 | 보리 보 | 끌 제(리) |  |  | 넓을 광 | 큰 대 | 공 공 | 덕 덕 |  | 나 아 |
| 皆 | 隨 | 喜 | 니 |  | 如 | 是 | 虛 | 空 | 界 | 盡 | 하며 |
| 다 개 | 따를 수 | 기쁠 희 |  |  | 같을 여 | 이 시 | 빌 허 | 빌 공 | 경계 계 | 다할 진 |  |
| 衆 | 生 | 界 | 盡 | 하며 | 衆 | 生 | 業 | 盡 | 하며 | 衆 |
| 무리 중 | 날 생 | 경계 계 | 다할 진 |  | 무리 중 | 날 생 | 업 업 | 다할 진 |  | 무리 중 |
| 生 | 煩 | 惱 | 盡 | 하야도 | 我 | 此 | 隨 | 喜 | 는 | 無 |
| 날 생 | 번거로울 번 | 번뇌할 뇌 | 다할 진 |  | 나 아 | 이 차 | 따를 수 | 기쁠 희 |  | 없을 무 |

배우는 이와 배울 것 없는 이의 온갖 공덕을 내가 모두 따라서 기뻐합니다.
또 모든 보살들이 한량없는 행하기 어려운 고행을 닦으면서
가장 높고 바르고 평등한 보리를 구하던 그 넓고 큰 공덕을 내가 모두 따라서 기뻐합니다.
이와 같이 하여 허공계가 다하고, 중생계가 다하고, 중생의 업이 다하고, 중생의 번뇌가 다하여도
나의 이 함께 기뻐하는 일은 끝나지 아니합니다.

| 有 | 窮 | 盡 | 이니 | 念 | 念 | 相 | 續 | 하야 | 無 | 有 |
|---|---|---|---|---|---|---|---|---|---|---|
| 있을 유 | 다할 궁 | 다할 진 | | 생각 염 | 생각 념 | 서로 상 | 이을 속 | | 없을 무 | 있을 유 |
| 間 | 斷 | 하야 | 身 | 語 | 意 | 業 | 이 | 無 | 有 | 疲 |
| 사이 간 | 끊을 단 | | 몸 신 | 말씀 어 | 뜻 의 | 업 업 | | 없을 무 | 있을 유 | 피곤할 피 |
| 厭 | 이니라 | | | | | | | | | |
| 싫어할 염 | | | | | | | | | | |

| (6) | 請 | 轉 | 法 | 輪 | | | | | | |
|---|---|---|---|---|---|---|---|---|---|---|
| | 청할 청 | 구를 전 | 법 법 | 바퀴 륜 | | | | | | |
| 復 | 次 | 善 | 男 | 子 | 야 | 言 | 請 | 轉 | 法 | 輪 |
| 다시 부 | 버금 차 | 착할 선 | 사내 남 | 아들 자 | | 말씀 언 | 청할 청 | 구를 전 | 법 법 | 바퀴 륜 |
| 者 | 는 | 所 | 有 | 盡 | 法 | 界 | 虛 | 空 | 界 | 十 |
| 것 자 | | 바 소 | 있을 유 | 다할 진 | 법 법 | 경계 계 | 빌 허 | 빌 공 | 경계 계 | 열 십(시) |

염념이 계속하여 쉬지 않건만 몸과 말과 뜻으로 하는 이 일은 지치거나 싫어함이 없습니다."

### (6) 설법하여 주기를 청하다
"다시 또 선남자여, 설법하여 주기를 청한다는 것은 온 법계 허공계

| 方 | 三 | 世 | 一 | 切 | 佛 | 刹 | 極 | 微 | 塵 | 中 |
|---|---|---|---|---|---|---|---|---|---|---|
| 방위 방 | 석 삼 | 세상 세 | 한 일 | 온통 체 | 부처 불 | 절 찰 | 극진할 극 | 작을 미 | 티끌 진 | 가운데 중 |
| 에 | 一 | 一 | 各 | 有 | 不 | 可 | 說 | 不 | 可 | 說 |
|  | 한 일 | 한 일 | 각각 각 | 있을 유 | 아닐 불 | 가히 가 | 말씀 설 | 아닐 불 | 가히 가 | 말씀 설 |
| 佛 | 刹 | 極 | 微 | 塵 | 數 | 廣 | 大 | 佛 | 刹 | 하며 |
| 부처 불 | 절 찰 | 극진할 극 | 작을 미 | 티끌 진 | 셈 수 | 넓을 광 | 큰 대 | 부처 불 | 절 찰 |  |
| 一 | 一 | 刹 | 中 | 에 | 念 | 念 | 有 | 不 | 可 | 說 |
| 한 일 | 한 일 | 절 찰 | 가운데 중 |  | 생각 염 | 생각 념 | 있을 유 | 아닐 불 | 가히 가 | 말씀 설 |
| 不 | 可 | 說 | 佛 | 刹 | 極 | 微 | 塵 | 數 | 一 | 切 |
| 아닐 불 | 가히 가 | 말씀 설 | 부처 불 | 절 찰 | 극진할 극 | 작을 미 | 티끌 진 | 셈 수 | 한 일 | 온통 체 |
| 諸 | 佛 | 이 | 成 | 等 | 正 | 覺 | 하사 | 一 | 切 | 菩 |
| 모두 제 | 부처 불 |  | 이룰 성 | 같을 등 | 바를 정 | 깨달을 각 |  | 한 일 | 온통 체 | 보리 보 |
| 薩 | 海 | 會 | 가 | 圍 | 繞 | 어든 | 而 | 我 | 悉 | 以 |
| 보살 살 | 바다 해 | 모일 회 |  | 에워쌀 위 | 두를 요 |  | 말 이을 이 | 나 아 | 다 실 | 써 이 |

시방삼세 모든 세계의 아주 작은 먼지의 그 하나하나마다

이루 다 말할 수 없이 말할 수 없는 많은 세계의 아주 작은 먼지같이 많은 수의 넓고 큰 세계가 있으며,

그 낱낱의 세계 안에서 잠깐잠깐 동안에

이루 말할 수 없이 말할 수 없는 많은 세계의 아주 작은 먼지만치 많은 수의 부처님들이

바른 깨달음을 이루고 모든 보살 대중이 둘러앉아 있는데,

| 身 | 口 | 意 | 業 | 의 | | 種 | 種 | 方 | 便 | 으로 | 殷 |
|---|---|---|---|---|---|---|---|---|---|---|---|
| 몸 신 | 입 구 | 뜻 의 | 업 업 | | | 종류 종 | 종류 종 | 처방 방 | 편할 편 | | 성할 은 |
| 勤 | 勸 | 請 | 하야 | 轉 | 妙 | 法 | 輪 | 이니 | | 如 | 是 |
| 부지런할 근 | 권할 권 | 청할 청 | | 구를 전 | 묘할 묘 | 법 법 | 바퀴 륜 | | | 같을 여 | 이 시 |
| 虛 | 空 | 界 | 盡 | 하며 | 衆 | 生 | 界 | 盡 | 하며 | | 衆 |
| 빌 허 | 빌 공 | 경계 계 | 다할 진 | | 무리 중 | 날 생 | 경계 계 | 다할 진 | | | 무리 중 |
| 生 | 業 | 盡 | 하며 | 衆 | 生 | 煩 | 惱 | 盡 | 하야도 | 我 |
| 날 생 | 업 업 | 다할 진 | | 무리 중 | 날 생 | 번거로울 번 | 번뇌할 뇌 | 다할 진 | | 나 아 |
| 常 | 勸 | 請 | 一 | 切 | 諸 | 佛 | 하야 | 轉 | 正 | 法 |
| 항상 상 | 권할 권 | 청할 청 | 한 일 | 온통 체 | 모두 제 | 부처 불 | | 구를 전 | 바를 정 | 법 법 |
| 輪 | 은 | 無 | 有 | 窮 | 盡 | 이니 | | 念 | 念 | 相 | 續 |
| 바퀴 륜 | | 없을 무 | 있을 유 | 다할 궁 | 다할 진 | | | 생각 염 | 생각 념 | 서로 상 | 이을 속 |
| 하야 | 無 | 有 | 間 | 斷 | 하야 | | 身 | 語 | 意 | 業 | 이 |
| | 없을 무 | 있을 유 | 사이 간 | 끊을 단 | | | 몸 신 | 말씀 어 | 뜻 의 | 업 업 | |

내가 몸과 말과 뜻으로 하는 갖가지 방편으로써
미묘한 법문 설하여 주기를 은근히 청하는 것입니다.
이와 같이 하여 허공계가 끝나고, 중생계가 끝나고, 중생의 업이 끝나고, 중생의 번뇌가 끝나더라도
내가 모든 부처님께 항상 바른 법 설하여 주기를 청하는 일은 끝남이 없을 것이니,
염념이 계속하여 잠깐도 쉬지 않건만 몸과 말과 뜻으로 하는 일은 지치거나 싫어함이 없습니다."

| 無 | 有 | 疲 | 厭 | 이니라 | | | | |
|---|---|---|---|---|---|---|---|---|
| 없을 무 | 있을 유 | 피곤할 **피** | 싫어할 **염** | | | | | |

| (7) | 請 | 佛 | 住 | 世 | | | | |
|---|---|---|---|---|---|---|---|---|
| | 청할 **청** | 부처 **불** | 살 **주** | 세상 **세** | | | | |

| 復 | 次 | 善 | 男 | 子 | 야 | 言 | 請 | 佛 | 住 | 世 |
|---|---|---|---|---|---|---|---|---|---|---|
| 다시 **부** | 버금 **차** | 착할 **선** | 사내 **남** | 아들 **자** | | 말씀 **언** | 청할 **청** | 부처 **불** | 살 **주** | 세상 **세** |

| 者 | 는 | 所 | 有 | 盡 | 法 | 界 | 虛 | 空 | 界 | 十 |
|---|---|---|---|---|---|---|---|---|---|---|
| 것 **자** | | 바 **소** | 있을 **유** | 다할 **진** | 법 **법** | 경계 **계** | 빌 **허** | 빌 **공** | 경계 **계** | 열 **십**(시) |

| 方 | 三 | 世 | 一 | 切 | 佛 | 刹 | 極 | 微 | 塵 | 數 |
|---|---|---|---|---|---|---|---|---|---|---|
| 방위 **방** | 석 **삼** | 세상 **세** | 한 **일** | 온통 **체** | 부처 **불** | 절 **찰** | 극진할 **극** | 작을 **미** | 티끌 **진** | 셈 **수** |

| 諸 | 佛 | 如 | 來 | 가 | 將 | 欲 | 示 | 現 | 般 | 涅 |
|---|---|---|---|---|---|---|---|---|---|---|
| 모두 **제** | 부처 **불** | 같을 **여** | 올 **래** | | 장차 **장** | 하고자할 **욕** | 보일 **시** | 나타날 **현** | 일반 **반** | 개흙 **열** |

**(7) 부처님이 세상에 오래 머무시기를 청하다**

"다시 또 선남자여, 부처님이 세상에 오래 머무시기를 청한다는 것은

온 법계 허공계 시방삼세 모든 세계의 아주 작은 먼지만치 많은 수의 부처님이 열반에 드시려 하거나,

| 槃 | 者 | 와 | 及 | 諸 | 菩 | 薩 | 聲 | 聞 | 緣 | 覺 |
|---|---|---|---|---|---|---|---|---|---|---|
| 쟁반 반 | 것 자 | | 및 급 | 모두 제 | 보리 보 | 보살 살 | 소리 성 | 들을 문 | 인연 연 | 깨달을 각 |
| 有 | 學 | 無 | 學 | 과 | 乃 | 至 | 一 | 切 | 諸 | 善 |
| 있을 유 | 배울 학 | 없을 무 | 배울 학 | | 이에 내 | 이를 지 | 한 일 | 온통 체 | 모두 제 | 착할 선 |
| 知 | 識 | 을 | 我 | 悉 | 勸 | 請 | 하야 | 莫 | 入 | 涅 |
| 알 지 | 알 식 | | 나 아 | 다 실 | 권할 권 | 청할 청 | | 말 막 | 들 입 | 개흙 열 |
| 槃 | 하야 | 經 | 於 | 一 | 切 | 佛 | 刹 | 極 | 微 | 塵 |
| 쟁반 반 | | 지날 경 | 어조사 어 | 한 일 | 온통 체 | 부처 불 | 절 찰 | 극진할 극 | 작을 미 | 티끌 진 |
| 數 | 劫 | 토록 | 爲 | 欲 | 利 | 樂 | 一 | 切 | 衆 | 生 |
| 셈 수 | 겁 겁 | | 할 위 | 하고자할 욕 | 이로울 이 | 즐길 락 | 한 일 | 온통 체 | 무리 중 | 날 생 |
| 이니 | 如 | 是 | 虛 | 空 | 界 | 盡 | 하며 | 衆 | 生 | 界 |
| | 같을 여 | 이 시 | 빌 허 | 빌 공 | 경계 계 | 다할 진 | | 무리 중 | 날 생 | 경계 계 |
| 盡 | 하며 | 衆 | 生 | 業 | 盡 | 하며 | 衆 | 生 | 煩 | 惱 |
| 다할 진 | | 무리 중 | 날 생 | 업 업 | 다할 진 | | 무리 중 | 날 생 | 번거로울 번 | 번뇌할 뇌 |

모든 보살과 성문과 연각으로서 배우는 이와 배울 것 없는 이와
내지 일체 모든 선지식에게 내가 모두 권하여 열반에 들지 말고
모든 세계의 아주 작은 먼지만치 많은 수의 겁을 지나도록
일체 중생을 이롭게 하여 달라고 청하는 것입니다.
이와 같이 하여 허공계가 끝나고, 중생계가 끝나고,
중생의 업이 끝나고, 중생의 번뇌가 끝나더라도

| 盡 | 하야도 | 我 | 此 | 勸 | 請 | 은 | | 無 | 有 | 窮 | 盡 |
|---|---|---|---|---|---|---|---|---|---|---|---|
| 다할 진 | | 나 아 | 이 차 | 권할 권 | 청할 청 | | | 없을 무 | 있을 유 | 다할 궁 | 다할 진 |
| 이니 | 念 | 念 | 相 | 續 | 하야 | | | 無 | 有 | 間 | 斷 | 하야 |
| | 생각 염 | 생각 념 | 서로 상 | 이을 속 | | | | 없을 무 | 있을 유 | 사이 간 | 끊을 단 | |
| 身 | 語 | 意 | 業 | 이 | | | 無 | 有 | 疲 | 厭 | 이니라 |
| 몸 신 | 말씀 어 | 뜻 의 | 업 업 | | | | 없을 무 | 있을 유 | 피곤할 피 | 싫어할 염 | |

| (8) | 常 | 隨 | 佛 | 學 |
|---|---|---|---|---|
| | 항상 상 | 따를 수 | 부처 불 | 배울 학 |
| 復 | 次 | 善 | 男 | 子 | 야 | | 言 | 常 | 隨 | 佛 | 學 |
| 다시 부 | 버금 차 | 착할 선 | 사내 남 | 아들 자 | | | 말씀 언 | 항상 상 | 따를 수 | 부처 불 | 배울 학 |
| 者 | 는 | | 如 | 此 | 娑 | 婆 | 世 | 界 | 毗 | 盧 | 遮 |
| 것 자 | | | 같을 여 | 이 차 | 춤출 사 | 할미 파(바) | 세상 세 | 경계 계 | 도울 비 | 밥그릇 로 | 가릴 차(자) |

나의 권하고 청하는 일은 끝나지 아니합니다. 염념이 계속하여 잠깐도 끊어짐이 없건만 몸과 말과 뜻으로 하는 일은 지치거나 싫어함이 없습니다."

### (8) 항상 부처님을 따라 배우다
"다시 또 선남자여, 부처님을 따라서 배운다는 것은 이 사바세계의 비로자나 부처님께서

| 那 | 如 | 來 | 가 | 從 | 初 | 發 | 心 | 으로 | 精 | 進 |
|---|---|---|---|---|---|---|---|---|---|---|
| 어찌 나 | 같을 여 | 올 래 | | 좇을 종 | 처음 초 | 발할 발 | 마음 심 | | 정할 정 | 나아갈 진 |
| 不 | 退 | 하사 | 以 | 不 | 可 | 說 | 不 | 可 | 說 | 身 |
| 아닐 불 | 물러날 퇴 | | 써 이 | 아닐 불 | 가히 가 | 말씀 설 | 아닐 불 | 가히 가 | 말씀 설 | 몸 신 |
| 命 | 으로 | 而 | 爲 | 布 | 施 | 하며 | 剝 | 皮 | 爲 | 紙 |
| 목숨 명 | | 말 이을 이 | 할 위 | 보시 보 | 베풀 시 | | 벗길 박 | 가죽 피 | 삼을 위 | 종이 지 |
| 하고 | 析 | 骨 | 爲 | 筆 | 하고 | 刺 | 血 | 爲 | 墨 | 하야 |
| | 쪼갤 석 | 뼈 골 | 삼을 위 | 붓 필 | | 찌를 자 | 피 혈 | 삼을 위 | 먹 묵 | |
| 書 | 寫 | 經 | 典 | 을 | 積 | 如 | 須 | 彌 | 하시니 | 爲 |
| 쓸 서 | 베낄 사 | 글 경 | 법 전 | | 쌓을 적 | 같을 여 | 모름지기 수 | 두루 미 | | 할 위 |
| 重 | 法 | 故 | 로 | 不 | 惜 | 身 | 命 | 이어든 | 何 | 況 |
| 무거울 중 | 법 법 | 연고 고 | | 아닐 불 | 아낄 석 | 몸 신 | 목숨 명 | | 어찌 하 | 하물며 황 |
| 王 | 位 | 와 | 城 | 邑 | 聚 | 落 | 과 | 宮 | 殿 | 園 |
| 임금 왕 | 자리 위 | | 성 성 | 고을 읍 | 마을 취 | 마을 락 | | 집 궁 | 전각 전 | 동산 원 |

처음 발심한 때로부터 정진하여 물러나지 않으시고
이루 다 말할 수 없이 말할 수 없는 몸과 목숨으로 보시하였으며,
가죽을 벗겨 종이로 삼고, 뼈를 쪼개어 붓으로 삼고,
피를 뽑아 먹물로 삼아서 경전 쓰기를 수미산 높이같이 하였으니,
법을 소중히 여기므로 목숨도 아끼지 않았습니다.
하물며 임금의 자리나 도시나 시골이나 궁전이나 동산 따위의

| | | | | | | | | | |
|---|---|---|---|---|---|---|---|---|---|
| 林 과 | 一 | 切 | 所 | 有 와 | | 及 | 餘 | 種 | 種 |
| 수풀 림 | 한 일 | 온통 체 | 바 소 | 있을 유 | | 및 급 | 남을 여 | 종류 종 | 종류 종 |
| 難 | 行 | 苦 | 行 이리오 | | 乃 | 至 | 樹 | 下 에 | 成 |
| 어려울 난 | 행할 행 | 괴로울 고 | 행할 행 | | 이에 내 | 이를 지 | 나무 수 | 아래 하 | 이룰 성 |
| 大 | 菩 | 提 하사 | | 示 | 種 | 種 | 神 | 通 하며 | 起 |
| 큰 대 | 보리 보 | 끌 제(리) | | 보일 시 | 종류 종 | 종류 종 | 신통할 신 | 통할 통 | 일어날 기 |
| 種 | 種 | 變 | 化 하며 | | 現 | 種 | 種 | 佛 | 身 하사 |
| 종류 종 | 종류 종 | 변할 변 | 될 화 | | 나타날 현 | 종류 종 | 종류 종 | 부처 불 | 몸 신 |
| 處 | 種 | 種 | 衆 | 會 하사대 | | 或 | 處 | 一 | 切 | 諸 |
| 곳 처 | 종류 종 | 종류 종 | 무리 중 | 모일 회 | | 혹 혹 | 곳 처 | 한 일 | 온통 체 | 모두 제 |
| 大 | 菩 | 薩 | 衆 | 會 | 道 | 場 하며 | | 或 | 處 | 聲 |
| 큰 대 | 보리 보 | 보살 살 | 무리 중 | 모일 회 | 길 도 | 마당 장(량) | | 혹 혹 | 곳 처 | 소리 성 |
| 聞 | 及 | 辟 | 支 | 佛 | 衆 | 會 | 道 | 場 하며 | | 或 |
| 들을 문 | 및 급 | 임금 벽 | 지탱할 지 | 부처 불 | 무리 중 | 모일 회 | 길 도 | 마당 장(량) | | 혹 혹 |

갓가지 물건을 보시하는 것과 하기 어려운 고행이었겠습니까.

내지 보리수 아래서 큰 깨달음을 이루던 일이며,

여러 가지 신통을 보이고 갓가지 변화를 일으키었습니다.

갓가지 부처님의 몸을 나타내어 온갖 대중이 모인 곳에 계실 적에

혹은 여러 큰 보살 대중들이 모인 도량이나, 혹은 성문과 벽지불 대중이 모인 도량이나,

| | | | | | | | | | | |
|---|---|---|---|---|---|---|---|---|---|---|
| 處 | 轉 | 輪 | 聖 | 王 | 小 | 王 | 眷 | 屬 | 衆 | 會 |
| 곳 처 | 구를 전 | 바퀴 륜 | 성인 성 | 임금 왕 | 작을 소 | 임금 왕 | 돌볼 권 | 무리 속 | 무리 중 | 모일 회 |
| 道 | 場 | 하며 | 或 | 處 | 刹 | 利 | 及 | 婆 | 羅 | 門 |
| 길 도 | 마당 장(량) | | 혹 혹 | 곳 처 | 절 찰 | 이로울 리 | 및 급 | 할미 파(바) | 그물 라 | 문 문 |
| 長 | 者 | 居 | 士 | 衆 | 會 | 道 | 場 | 하며 | 乃 | 至 |
| 어른 장 | 사람 자 | 살 거 | 선비 사 | 무리 중 | 모일 회 | 길 도 | 마당 장(량) | | 이에 내 | 이를 지 |
| 或 | 處 | 天 | 龍 | 八 | 部 | 人 | 非 | 人 | 等 | 衆 |
| 혹 혹 | 곳 처 | 하늘 천 | 용 룡 | 여덟 팔 | 거느릴 부 | 사람 인 | 아닐 비 | 사람 인 | 무리 등 | 무리 중 |
| 會 | 道 | 場 | 하사 | 處 | 於 | 如 | 是 | 種 | 種 | 衆 |
| 모일 회 | 길 도 | 마당 장(량) | | 곳 처 | 어조사 어 | 같을 여 | 이 시 | 종류 종 | 종류 종 | 무리 중 |
| 會 | 하야 | 以 | 圓 | 滿 | 音 | 으로 | 如 | 大 | 雷 | 震 |
| 모일 회 | | 써 이 | 둥글 원 | 찰 만 | 소리 음 | | 같을 여 | 큰 대 | 우레 뇌 | 우레 진 |
| 하사 | 隨 | 其 | 樂 | 欲 | 하야 | 成 | 熟 | 衆 | 生 | 하며 |
| | 따를 수 | 그 기 | 즐길 낙 | 하고자할 욕 | | 이룰 성 | 익을 숙 | 무리 중 | 날 생 | |

혹은 전륜성왕과 작은 왕이나 그 권속들이 모인 도량이나,

혹은 찰제리와 바라문과 장자와 거사들이 모인 도량이나,

내지 천신과 용과 팔부신중과 사람인 듯 사람 아닌 듯한 이들이 모인 도량에까지 있었습니다.

이와 같은 여러 가지 큰 모임에서 원만한 음성을 천둥소리같이 하여

그들의 즐겨하고 좋아하는 바에 따라 중생들의 근기를 성숙하게 하던 일과,

| 乃 | 至 | 示 | 現 | 入 | 於 | 涅 | 槃 | 이어시든 | 如 | 是 |
|---|---|---|---|---|---|---|---|---|---|---|
| 이에 **내** | 이를 **지** | 보일 **시** | 나타날 **현** | 들 **입** | 어조사 **어** | 개흙 **열** | 쟁반 **반** | | 같을 **여** | 이 **시** |

| 一 | 切 | 를 | 我 | 皆 | 隨 | 學 | 하니라 | 如 | 今 | 世 |
|---|---|---|---|---|---|---|---|---|---|---|
| 한 **일** | 온통 **체** | | 나 **아** | 다 **개** | 따를 **수** | 배울 **학** | | 같을 **여** | 이제 **금** | 세상 **세** |

| 尊 | 毘 | 盧 | 遮 | 那 | 하야 | 如 | 是 | 盡 | 法 | 界 |
|---|---|---|---|---|---|---|---|---|---|---|
| 높을 **존** | 도울 **비** | 밥그릇 **로** | 가릴 **차(자)** | 어찌 **나** | | 같을 **여** | 이 **시** | 다할 **진** | 법 **법** | 경계 **계** |

| 虛 | 空 | 界 | 十 | 方 | 三 | 世 | 一 | 切 | 佛 | 剎 |
|---|---|---|---|---|---|---|---|---|---|---|
| 빌 **허** | 빌 **공** | 경계 **계** | 열 **십(시)** | 방위 **방** | 석 **삼** | 세상 **세** | 한 **일** | 온통 **체** | 부처 **불** | 절 **찰** |

| 所 | 有 | 塵 | 中 | 一 | 切 | 如 | 來 | 도 | 皆 | 亦 |
|---|---|---|---|---|---|---|---|---|---|---|
| 바 **소** | 있을 **유** | 티끌 **진** | 가운데 **중** | 한 **일** | 온통 **체** | 같을 **여** | 올 **래** | | 다 **개** | 또 **역** |

| 如 | 是 | 어든 | 於 | 念 | 念 | 中 | 에 | 我 | 皆 | 隨 |
|---|---|---|---|---|---|---|---|---|---|---|
| 같을 **여** | 이 **시** | | 어조사 **어** | 생각 **염** | 생각 **념** | 가운데 **중** | | 나 **아** | 다 **개** | 따를 **수** |

| 學 | 이니 | 如 | 是 | 虛 | 空 | 界 | 盡 | 하며 | 衆 | 生 |
|---|---|---|---|---|---|---|---|---|---|---|
| 배울 **학** | | 같을 **여** | 이 **시** | 빌 **허** | 빌 **공** | 경계 **계** | 다할 **진** | | 무리 **중** | 날 **생** |

마침내 열반에 들어 보이시던 이와 같은 온갖 일을 내가 모두 따라 배웠습니다.

지금의 비로자나 부처님께와 같이 이와 같은 온 법계 허공계 시방삼세 모든 세계에 있는

먼지 속의 모든 부처님들도 다 또한 이와 같이 하신 것을 염념이 내가 다 따라 배우는 것입니다.

이와 같이 하여 허공계가 끝나고, 중생계가 끝나고,

| 界 | 盡 | 하며 | 衆 | 生 | 業 | 盡 | 하며 | 衆 | 生 | 煩 |
|---|---|---|---|---|---|---|---|---|---|---|
| 경계 계 | 다할 진 | | 무리 중 | 날 생 | 업 업 | 다할 진 | | 무리 중 | 날 생 | 번거로울 번 |
| 惱 | 盡 | 하야도 | 我 | 此 | 隨 | 學 | 은 | 無 | 有 | 窮 |
| 번뇌할 뇌 | 다할 진 | | 나 아 | 이 차 | 따를 수 | 배울 학 | | 없을 무 | 있을 유 | 다할 궁 |
| 盡 | 이니 | | 念 | 念 | 相 | 續 | 하야 | 無 | 有 | 間 | 斷 |
| 다할 진 | | | 생각 염 | 생각 념 | 서로 상 | 이을 속 | | 없을 무 | 있을 유 | 사이 간 | 끊을 단 |
| 하야 | | 身 | 語 | 意 | 業 | 이 | 無 | 有 | 疲 | 厭 | 이니라 |
| | | 몸 신 | 말씀 어 | 뜻 의 | 업 업 | | 없을 무 | 있을 유 | 피곤할 피 | 싫어할 염 | |

| (9) | 恒 | 順 | 衆 | 生 |
|---|---|---|---|---|
| | 항상 항 | 순할 순 | 무리 중 | 날 생 |

| 復 | 次 | 善 | 男 | 子 | 야 | 言 | 恒 | 順 | 衆 | 生 |
|---|---|---|---|---|---|---|---|---|---|---|
| 다시 부 | 버금 차 | 착할 선 | 사내 남 | 아들 자 | | 말씀 언 | 항상 항 | 순할 순 | 무리 중 | 날 생 |

중생의 업이 끝나고, 중생의 번뇌가 끝나더라도 나의 이 따라서 배우는 일은 끝나지 않고
염념이 계속하여 잠깐도 쉬지 않건만 몸과 말과 뜻으로 하는 일은 지치거나 싫어함이 없습니다."

### (9) 항상 중생들을 수순하다
"다시 또 선남자여, 항상 중생들의 뜻에 수순한다는 것은

| 者 | 는 | 謂 | 盡 | 法 | 界 | 虛 | 空 | 界 | 十 | 方 |
|---|---|---|---|---|---|---|---|---|---|---|
| 것 자 | | 이를 위 | 다할 진 | 법 법 | 경계 계 | 빌 허 | 빌 공 | 경계 계 | 열 십(시) | 방위 방 |
| 刹 | 海 | 所 | 有 | 衆 | 生 | 의 | 種 | 種 | 差 | 別 |
| 절 찰 | 바다 해 | 바 소 | 있을 유 | 무리 중 | 날 생 | | 종류 종 | 종류 종 | 어긋날 차 | 다를 별 |
| 이니 | 所 | 謂 | 卵 | 生 | 胎 | 生 | 濕 | 生 | 化 | 生 |
| | 바 소 | 이를 위 | 알 난 | 날 생 | 아이 밸 태 | 날 생 | 젖을 습 | 날 생 | 될 화 | 날 생 |
| 이 | 或 | 有 | 依 | 於 | 地 | 水 | 火 | 風 | 而 | 生 |
| | 혹 혹 | 있을 유 | 의지할 의 | 어조사 어 | 땅 지 | 물 수 | 불 화 | 바람 풍 | 말 이을 이 | 날 생 |
| 住 | 者 | 하며 | 或 | 有 | 依 | 空 | 及 | 諸 | 卉 | 木 |
| 살 주 | 것 자 | | 혹 혹 | 있을 유 | 의지할 의 | 빌 공 | 및 급 | 모두 제 | 풀 훼 | 나무 목 |
| 而 | 生 | 住 | 者 | 하니라 | 種 | 種 | 生 | 類 | 와 | 種 |
| 말 이을 이 | 날 생 | 살 주 | 것 자 | | 종류 종 | 종류 종 | 날 생 | 무리 류 | | 종류 종 |
| 種 | 色 | 身 | 과 | 種 | 種 | 形 | 狀 | 과 | 種 | 種 |
| 종류 종 | 빛 색 | 몸 신 | | 종류 종 | 종류 종 | 모양 형 | 형상 상 | | 종류 종 | 종류 종 |

온 법계 허공계 시방세계의 중생들이 여러 가지 차별이 있어
알에서 나고, 태에서 나고, 습기로 나고, 변화하여 나기도 합니다.
땅과 물과 불과 바람을 의지하여 살기도 하고,
허공을 의지하여 살기도 하며, 풀을 의지하여 살기도 합니다.
여러 가지 종류와, 여러 가지 몸과, 여러 가지 형상과, 여러 가지 모양과,

| 相 | 貌 | 와 | 種 | 種 | 壽 | 量 | 과 | 種 | 種 | 族 |
|---|---|---|---|---|---|---|---|---|---|---|
| 모양 상 | 모양 모 | | 종류 종 | 종류 종 | 목숨 수 | 헤아릴 량 | | 종류 종 | 종류 종 | 겨레 족 |

| 類 | 와 | 種 | 種 | 名 | 號 | 와 | 種 | 種 | 心 | 性 |
|---|---|---|---|---|---|---|---|---|---|---|
| 무리 류 | | 종류 종 | 종류 종 | 이름 명 | 이름 호 | | 종류 종 | 종류 종 | 마음 심 | 성품 성 |

| 과 | 種 | 種 | 知 | 見 | 과 | 種 | 種 | 欲 | 樂 | 과 |
|---|---|---|---|---|---|---|---|---|---|---|
| | 종류 종 | 종류 종 | 알 지 | 견해 견 | | 종류 종 | 종류 종 | 하고자할 욕 | 즐길 락 | |

| 種 | 種 | 意 | 行 | 과 | 種 | 種 | 威 | 儀 | 와 | 種 |
|---|---|---|---|---|---|---|---|---|---|---|
| 종류 종 | 종류 종 | 뜻 의 | 행할 행 | | 종류 종 | 종류 종 | 위엄 위 | 거동 의 | | 종류 종 |

| 種 | 衣 | 服 | 과 | 種 | 種 | 飮 | 食 | 으로 | 處 | 於 |
|---|---|---|---|---|---|---|---|---|---|---|
| 종류 종 | 옷 의 | 옷 복 | | 종류 종 | 종류 종 | 마실 음 | 먹을 식 | | 곳 처 | 어조사 어 |

| 種 | 種 | 村 | 營 | 聚 | 落 | 城 | 邑 | 宮 | 殿 | 하니라 |
|---|---|---|---|---|---|---|---|---|---|---|
| 종류 종 | 종류 종 | 마을 촌 | 진영 영 | 마을 취 | 마을 락 | 성 성 | 고을 읍 | 집 궁 | 전각 전 | |

| 乃 | 至 | 一 | 切 | 天 | 龍 | 八 | 部 | 人 | 非 | 人 |
|---|---|---|---|---|---|---|---|---|---|---|
| 이에 내 | 이를 지 | 한 일 | 온통 체 | 하늘 천 | 용 룡 | 여덟 팔 | 거느릴 부 | 사람 인 | 아닐 비 | 사람 인 |

여러 가지 수명과, 여러 가지 종족과, 여러 가지 이름과, 여러 가지 성질과,

여러 가지 소견과, 여러 가지 욕망과, 여러 가지 뜻과, 여러 가지 위의와, 여러 가지 의복과,

여러 가지 음식으로, 여러 가지 시골의 마을과 도시의 궁전에 사는 이들입니다.

내지 천신과 용과 팔부신중과 사람인 듯 아닌 듯한 것들이며,

| | | | | | | | | | | |
|---|---|---|---|---|---|---|---|---|---|---|
| 等 | 과 | 無 | 足 | 二 | 足 | 과 | 四 | 足 | 多 | 足 |
| 무리**등** | | 없을**무** | 발**족** | 두**이** | 발**족** | | 넉**사** | 발**족** | 많을**다** | 발**족** |
| | 과 | 有 | 色 | 無 | 色 | 과 | 有 | 想 | 無 | 想 | 과 |
| | | 있을**유** | 빛**색** | 없을**무** | 빛**색** | | 있을**유** | 생각**상** | 없을**무** | 생각**상** |
| 非 | 有 | 想 | 非 | 無 | 想 | 이니라 | 如 | 是 | 等 | 類 |
| 아닐**비** | 있을**유** | 생각**상** | 아닐**비** | 없을**무** | 생각**상** | | 같을**여** | 이**시** | 무리**등** | 무리**류** |
| 를 | 我 | 皆 | 於 | 彼 | 에 | 隨 | 順 | 而 | 轉 | 하야 |
| | 나**아** | 다**개** | 어조사**어** | 저**피** | | 따를**수** | 순할**순** | 말이을**이** | 구를**전** |
| 種 | 種 | 承 | 事 | 하며 | 種 | 種 | 供 | 養 | 호대 | 如 |
| 종류**종** | 종류**종** | 이을**승** | 섬길**사** | | 종류**종** | 종류**종** | 이바지할**공** | 기를**양** | | 같을**여** |
| 敬 | 父 | 母 | 하며 | 如 | 奉 | 師 | 長 | 과 | 及 | 阿 |
| 공경**경** | 아버지**부** | 어머니**모** | | 같을**여** | 받들**봉** | 스승**사** | 어른**장** | | 및**급** | 언덕**아** |
| 羅 | 漢 | 과 | 乃 | 至 | 如 | 來 | 하야 | 等 | 無 | 有 |
| 그물**라** | 사나이**한** | | 이에**내** | 이를**지** | 같을**여** | 올**래** | | 같을**등** | 없을**무** | 있을**유** |

발이 없는 것과 두 발 가진 것과 네 발 가진 것과 여러 발 가진 것들입니다.
또 몸이 있는 것과 몸이 없는 것과 생각이 있는 것과 생각이 없는 것과
생각이 있는 것도 아니고 없는 것도 아닌 것 등입니다.
이와 같은 갖가지 종류를 내가 모두 그들에게 수순합니다.
갖가지로 섬기고 갖가지로 공양하기를 부모와 같이 공경하고,
스승과 아라한과 내지 부처님이나 다름이 없이 받듭니다.

| 異 하며 | | 於 | 諸 | 病 | 苦 에 | | 爲 | 作 | 良 | 醫 |
|---|---|---|---|---|---|---|---|---|---|---|
| 다를 이 | | 어조사 어 | 모두 제 | 병 병 | 괴로울 고 | | 될 위 | 지을 작 | 어질 양 | 의원 의 |

| 하며 | | 於 | 失 | 道 | 者 에 | | 示 | 其 | 正 | 路 하며 |
|---|---|---|---|---|---|---|---|---|---|---|
| | | 어조사 어 | 잃을 실 | 길 도 | 사람 자 | | 보일 시 | 그 기 | 바를 정 | 길 로 |

| 於 | 暗 | 夜 | 中 에 | | 爲 | 作 | 光 | 明 하며 | | 於 |
|---|---|---|---|---|---|---|---|---|---|---|
| 어조사 어 | 어두울 암 | 밤 야 | 가운데 중 | | 될 위 | 지을 작 | 빛 광 | 밝을 명 | | 어조사 어 |

| 貧 | 窮 | 者 에 | | 令 | 得 | 伏 | 藏 이니 | | 菩 | 薩 |
|---|---|---|---|---|---|---|---|---|---|---|
| 가난할 빈 | 다할 궁 | 사람 자 | | 하여금 영 | 얻을 득 | 숨을 복 | 감출 장 | | 보리 보 | 보살 살 |

| 이 | 如 | 是 | 平 | 等 | 饒 | 益 | 一 | 切 | 衆 | 生 |
|---|---|---|---|---|---|---|---|---|---|---|
| | 같을 여 | 이 시 | 평평할 평 | 같을 등 | 넉넉할 요 | 더할 익 | 한 일 | 온통 체 | 무리 중 | 날 생 |

| 하나니 | 何 | 以 | 故 오 | | 菩 | 薩 이 | | 若 | 能 | 隨 |
|---|---|---|---|---|---|---|---|---|---|---|
| | 어찌 하 | 써 이 | 연고 고 | | 보리 보 | 보살 살 | | 만약 약 | 능할 능 | 따를 수 |

| 順 | 衆 | 生 하면 | | 則 | 爲 | 隨 | 順 | 供 | 養 | 諸 |
|---|---|---|---|---|---|---|---|---|---|---|
| 순할 순 | 무리 중 | 날 생 | | 곧 즉 | 될 위 | 따를 수 | 순할 순 | 이바지할 공 | 기를 양 | 모두 제 |

병든 이에게는 의원이 되고, 길을 잃은 이에게는 바른 길을 보여 주고,
캄캄한 밤에는 빛이 되어 주며, 가난한 이에게는 묻혀 있는 보배를 얻게 하면서
보살이 이와 같이 일체 중생들을 평등하게 이롭게 합니다.
왜냐하면 보살이 만약 중생들을 수순하게 되면
곧 모든 부처님을 수순하여 공양하는 것이 되기 때문입니다.

| 佛 이며 | | 若 | 於 | 衆 | 生 에 | | 尊 | 重 | 承 | 事 |
|---|---|---|---|---|---|---|---|---|---|---|
| 부처 불 | | 만약 약 | 어조사 어 | 무리 중 | 날 생 | | 높을 존 | 무거울 중 | 이을 승 | 섬길 사 |
| 하면 | 則 | 爲 | 尊 | 重 | 承 | 事 | 如 | 來 며 | | 若 |
| | 곧 즉 | 될 위 | 높을 존 | 무거울 중 | 이을 승 | 섬길 사 | 같을 여 | 올 래 | | 만약 약 |
| 令 | 衆 | 生 으로 | | 生 | 歡 | 喜 | 者 면 | | 則 | 令 |
| 하여금 령 | 무리 중 | 날 생 | | 날 생 | 기쁠 환 | 기쁠 희 | 것 자 | | 곧 즉 | 하여금 령 |
| 一 | 切 | 如 | 來 로 | | 歡 | 喜 니라 | | 何 | 以 | 故 |
| 한 일 | 온통 체 | 같을 여 | 올 래 | | 기쁠 환 | 기쁠 희 | | 어찌 하 | 써 이 | 연고 고 |
| 오 | 諸 | 佛 | 如 | 來 가 | | 以 | 大 | 悲 | 心 으로 | |
| | 모두 제 | 부처 불 | 같을 여 | 올 래 | | 써 이 | 큰 대 | 슬플 비 | 마음 심 | |
| 而 | 爲 | 體 | 故 로 | | 因 | 於 | 衆 | 生 하야 | | 而 |
| 말 이을 이 | 삼을 위 | 몸 체 | 연고 고 | | 인할 인 | 어조사 어 | 무리 중 | 날 생 | | 말 이을 이 |
| 起 | 大 | 悲 하며 | | 因 | 於 | 大 | 悲 하야 | | 生 | 菩 |
| 일어날 기 | 큰 대 | 슬플 비 | | 인할 인 | 어조사 어 | 큰 대 | 슬플 비 | | 날 생 | 보리 보 |

만약 중생들을 존중하여 섬기면 곧 부처님을 존중하여 섬기는 것이 되기 때문입니다.
만약 중생들을 기쁘게 하면 곧 부처님을 기쁘게 하는 것이 되기 때문입니다.
왜 그렇습니까. 모든 부처님은 자비하신 마음으로 바탕을 삼으시기 때문입니다.
중생으로 인하여 큰 자비심을 일으키고, 자비로 인하여 보리심을 내고,

| 提 | 心 | 하며 | 因 | 菩 | 提 | 心 | 하야 | 成 | 等 | 正 |
|---|---|---|---|---|---|---|---|---|---|---|
| 끌 제(리) | 마음 심 | | 인할 인 | 보리 보 | 끌 제(리) | 마음 심 | | 이룰 성 | 같을 등 | 바를 정 |

| 覺 | 하나니라 | 譬 | 如 | 曠 | 野 | 沙 | 磧 | 之 | 中 | 에 |
|---|---|---|---|---|---|---|---|---|---|---|
| 깨달을 각 | | 비유할 비 | 같을 여 | 빌 광 | 들 야 | 모래 사 | 서덜 적 | 어조사 지 | 가운데 중 | |

| 有 | 大 | 樹 | 王 | 하니 | 若 | 根 | 得 | 水 | 면 | 枝 |
|---|---|---|---|---|---|---|---|---|---|---|
| 있을 유 | 큰 대 | 나무 수 | 임금 왕 | | 만약 약 | 뿌리 근 | 얻을 득 | 물 수 | | 가지 지 |

| 葉 | 華 | 果 | 가 | 悉 | 皆 | 繁 | 茂 | 인달하야 | 生 | 死 |
|---|---|---|---|---|---|---|---|---|---|---|
| 잎 엽 | 꽃 화 | 열매 과 | | 다 실 | 다 개 | 번성할 번 | 무성할 무 | | 날 생 | 죽을 사 |

| 曠 | 野 | 菩 | 提 | 樹 | 王 | 도 | 亦 | 復 | 如 | 是 |
|---|---|---|---|---|---|---|---|---|---|---|
| 빌 광 | 들 야 | 보리 보 | 끌 제(리) | 나무 수 | 임금 왕 | | 또 역 | 다시 부 | 같을 여 | 이 시 |

| 하야 | 一 | 切 | 衆 | 生 | 으로 | 而 | 爲 | 樹 | 根 | 하고 |
|---|---|---|---|---|---|---|---|---|---|---|
| | 한 일 | 온통 체 | 무리 중 | 날 생 | | 말 이을 이 | 될 위 | 나무 수 | 뿌리 근 | |

| 諸 | 佛 | 菩 | 薩 | 로 | 而 | 爲 | 華 | 果 | 하야 | 以 |
|---|---|---|---|---|---|---|---|---|---|---|
| 모두 제 | 부처 불 | 보리 보 | 보살 살 | | 말 이을 이 | 될 위 | 꽃 화 | 열매 과 | | 써 이 |

보리심으로 인하여 정각을 이룹니다.

비유하자면 마치 넓은 모래사장에 서 있는 큰 나무의 뿌리가

물을 만나면 가지와 잎과 꽃과 열매가 모두 무성함과 같으니,

나고 죽는 광야의 보리수도 또한 이와 같습니다.

일체 중생은 나무의 뿌리가 되고, 모든 부처님과 보살들은 꽃과 열매가 되어

| 大 | 悲 | 水 | 로 | 饒 | 益 | 衆 | 生 | 이면 | 則 | 能 |
|---|---|---|---|---|---|---|---|---|---|---|
| 큰 대 | 슬플 비 | 물 수 | | 넉넉할 요 | 더할 익 | 무리 중 | 날 생 | | 곧 즉 | 능할 능 |
| 成 | 就 | 諸 | 佛 | 菩 | 薩 | 智 | 慧 | 華 | 果 | 하나니 |
| 이룰 성 | 나아갈 취 | 모두 제 | 부처 불 | 보리 보 | 보살 살 | 슬기 지 | 슬기로울 혜 | 꽃 화 | 열매 과 | |
| 何 | 以 | 故 | 오 | 若 | 諸 | 菩 | 薩 | 이 | 以 | 大 |
| 어찌 하 | 써 이 | 연고 고 | | 만약 약 | 모두 제 | 보리 보 | 보살 살 | | 써 이 | 큰 대 |
| 悲 | 水 | 로 | 饒 | 益 | 衆 | 生 | 이면 | 則 | 能 | 成 |
| 슬플 비 | 물 수 | | 넉넉할 요 | 더할 익 | 무리 중 | 날 생 | | 곧 즉 | 능할 능 | 이룰 성 |
| 就 | 阿 | 耨 | 多 | 羅 | 三 | 藐 | 三 | 菩 | 提 | 故 |
| 나아갈 취 | 언덕 아 | 김맬 누(녹) | 많을 다 | 그물 라 | 석 삼 | 아득할 막(먁) | 석 삼 | 보리 보 | 끌 제(리) | 연고 고 |
| 라 | 是 | 故 | 로 | 菩 | 提 | 가 | 屬 | 於 | 衆 | 生 |
| | 이 시 | 연고 고 | | 보리 보 | 끌 제(리) | | 무리 속 | 어조사 어 | 무리 중 | 날 생 |
| 이니 | 若 | 無 | 衆 | 生 | 이면 | 一 | 切 | 菩 | 薩 | 이 |
| | 만약 약 | 없을 무 | 무리 중 | 날 생 | | 한 일 | 온통 체 | 보리 보 | 보살 살 | |

큰 자비의 물로써 중생들을 이롭게 하면
능히 모든 부처님과 보살들의 지혜의 꽃과 열매를 성취할 수 있습니다.
왜냐하면 만약 모든 보살들이 큰 자비의 물로써 중생들을 이롭게 하면
능히 최상의 깨달음을 성취할 수 있기 때문입니다.
그러므로 보리는 중생에게 달렸으니 만약 중생이 없으면 모든 보살들이

| 終 | 不 | 能 | 成 | 無 | 上 | 正 | 覺 | 이니라 | 善 | 男 |
|---|---|---|---|---|---|---|---|---|---|---|
| 마칠 종 | 아닐 불 | 능할 능 | 이룰 성 | 없을 무 | 위 상 | 바를 정 | 깨달을 각 | | 착할 선 | 사내 남 |
| 子 | 야 | 汝 | 於 | 此 | 義 | 에 | 應 | 如 | 是 | 解 |
| 아들 자 | | 너 여 | 어조사 어 | 이 차 | 뜻 의 | | 응당 응 | 같을 여 | 이 시 | 풀 해 |
| 니 | 以 | 於 | 衆 | 生 | 에 | 心 | 平 | 等 | 故 | 로 |
| | 써 이 | 어조사 어 | 무리 중 | 날 생 | | 마음 심 | 평평할 평 | 같을 등 | 연고 고 | |
| 則 | 能 | 成 | 就 | 圓 | 滿 | 大 | 悲 | 하며 | 以 | 大 |
| 곧 즉 | 능할 능 | 이룰 성 | 나아갈 취 | 둥글 원 | 찰 만 | 큰 대 | 슬플 비 | | 써 이 | 큰 대 |
| 悲 | 心 | 으로 | 隨 | 衆 | 生 | 故 | 로 | 則 | 能 | 成 |
| 슬플 비 | 마음 심 | | 따를 수 | 무리 중 | 날 생 | 연고 고 | | 곧 즉 | 능할 능 | 이룰 성 |
| 就 | 供 | 養 | 如 | 來 | 니라 | 菩 | 薩 | 이 | 如 | 是 |
| 나아갈 취 | 이바지할 공 | 기를 양 | 같을 여 | 올 래 | | 보리 보 | 보살 살 | | 같을 여 | 이 시 |
| 隨 | 順 | 衆 | 生 | 하야 | 虛 | 空 | 界 | 盡 | 하며 | 衆 |
| 따를 수 | 순할 순 | 무리 중 | 날 생 | | 빌 허 | 빌 공 | 경계 계 | 다할 진 | | 무리 중 |

마침내 가장 높은 정각을 이룰 수 없습니다.

선남자여, 그대는 이 이치를 이렇게 알아야 합니다.

'중생들에게 마음을 평등하게 함으로써 원만한 자비를 성취하고,

큰 자비심으로 중생들을 수순함으로써 부처님께 공양함을 성취하는 것이다.'라고 알아야 합니다.

보살이 이와 같이 중생들을 수순하나니, 허공계가 다하고,

| | | | | | | | | | | |
|---|---|---|---|---|---|---|---|---|---|---|
| 生 | 界 | 盡 | 하며 | 衆 | 生 | 業 | 盡 | 하며 | 衆 | 生 |
| 날 생 | 경계 계 | 다할 진 | | 무리 중 | 날 생 | 업 업 | 다할 진 | | 무리 중 | 날 생 |
| 煩 | 惱 | 盡 | 하야도 | 我 | 此 | 隨 | 順 | 은 | 無 | 有 |
| 번거로울 번 | 번뇌할 뇌 | 다할 진 | | 나 아 | 이 차 | 따를 수 | 순할 순 | | 없을 무 | 있을 유 |
| 窮 | 盡 | 이니 | 念 | 念 | 相 | 續 | 하야 | 無 | 有 | 間 |
| 다할 궁 | 다할 진 | | 생각 염 | 생각 념 | 서로 상 | 이을 속 | | 없을 무 | 있을 유 | 사이 간 |
| 斷 | 하야 | 身 | 語 | 意 | 業 | 이 | 無 | 有 | 疲 | 厭 |
| 끊을 단 | | 몸 신 | 말씀 어 | 뜻 의 | 업 업 | | 없을 무 | 있을 유 | 피곤할 피 | 싫어할 염 |

이니라

| (10) | 普 | 皆 | 廻 | 向 | | | | |
|---|---|---|---|---|---|---|---|---|
| | 넓을 보 | 다 개 | 돌 회 | 향할 향 | | | | |

중생계가 다하고, 중생의 업이 다하고, 중생의 번뇌가 다하여도 나의 수순함은 다함이 없습니다.
염념이 계속하여 잠깐도 쉬지 않건만 몸과 말과 뜻으로 하는 일은 지치거나 싫어함이 없습니다."

**(10) 모두 다 회향하다**

| 復 | 次 | 善 | 男 | 子 | 야 | 言 | 普 | 皆 | 廻 | 向 |
|---|---|---|---|---|---|---|---|---|---|---|
| 다시 부 | 버금 차 | 착할 선 | 사내 남 | 아들 자 | | 말씀 언 | 넓을 보 | 다 개 | 돌 회 | 향할 향 |

| 者 | 는 | 從 | 初 | 禮 | 拜 | 로 | 乃 | 至 | 隨 | 順 |
|---|---|---|---|---|---|---|---|---|---|---|
| 것 자 | | 좇을 종 | 처음 초 | 예도 예 | 절 배 | | 이에 내 | 이를 지 | 따를 수 | 순할 순 |

| 히 | 所 | 有 | 功 | 德 | 을 | 皆 | 悉 | 廻 | 向 | 盡 |
|---|---|---|---|---|---|---|---|---|---|---|
| | 바 소 | 있을 유 | 공 공 | 덕 덕 | | 다 개 | 다 실 | 돌 회 | 향할 향 | 다할 진 |

| 法 | 界 | 虛 | 空 | 界 | 一 | 切 | 衆 | 生 | 하야 | 願 |
|---|---|---|---|---|---|---|---|---|---|---|
| 법 법 | 경계 계 | 빌 허 | 빌 공 | 경계 계 | 한 일 | 온통 체 | 무리 중 | 날 생 | | 원할 원 |

| 令 | 衆 | 生 | 으로 | 常 | 得 | 安 | 樂 | 하야 | 無 | 諸 |
|---|---|---|---|---|---|---|---|---|---|---|
| 하여금 령 | 무리 중 | 날 생 | | 항상 상 | 얻을 득 | 편안 안 | 즐길 락 | | 없을 무 | 모두 제 |

| 病 | 苦 | 하며 | 欲 | 行 | 惡 | 法 | 은 | 皆 | 悉 | 不 |
|---|---|---|---|---|---|---|---|---|---|---|
| 병 병 | 괴로울 고 | | 하고자할 욕 | 행할 행 | 악할 악 | 법 법 | | 다 개 | 다 실 | 아닐 불 |

| 成 | 하고 | 所 | 修 | 善 | 業 | 은 | 皆 | 速 | 成 | 就 |
|---|---|---|---|---|---|---|---|---|---|---|
| 이룰 성 | | 바 소 | 닦을 수 | 착할 선 | 업 업 | | 다 개 | 빠를 속 | 이룰 성 | 나아갈 취 |

"다시 또 선남자여, 모두 다 회향한다는 것은
처음 예배하고 공경함으로부터 중생들의 뜻에 수순함에 이르기까지
그 모든 공덕을 온 법계 허공계 일체 중생에게 회향하여
중생들로 하여금 항상 편안하고 즐거움을 얻게 하고, 병고가 없게 하기를 원하며,
하고자 하는 나쁜 짓은 모두 이뤄지지 않고, 착한 일은 빨리 이루어지게 합니다.

| 하며 | 關 | 閉 | 一 | 切 | 諸 | 惡 | 趣 | 門 | 하고 | | 開 |
|---|---|---|---|---|---|---|---|---|---|---|---|
| | 빗장 관 | 닫을 폐 | 한 일 | 온통 체 | 모두 제 | 악할 악 | 갈래 취 | 문 문 | | | 열 개 |
| 示 | 人 | 天 | 涅 | 槃 | 正 | 路 | 니라 | | 若 | 諸 | 衆 |
| 보일 시 | 사람 인 | 하늘 천 | 개흙 열 | 쟁반 반 | 바를 정 | 길 로 | | | 만약 약 | 모두 제 | 무리 중 |
| 生 | 이 | 因 | 其 | 積 | 集 | 諸 | 惡 | 業 | 故 | 로 | |
| 날 생 | | 인할 인 | 그 기 | 쌓을 적 | 모을 집 | 모두 제 | 악할 악 | 업 업 | 연고 고 | | |
| 所 | 感 | 一 | 切 | 極 | 重 | 苦 | 果 | 를 | 我 | 皆 | |
| 바 소 | 느낄 감 | 한 일 | 온통 체 | 극진할 극 | 무거울 중 | 괴로울 고 | 열매 과 | | 나 아 | 다 개 | |
| 代 | 受 | 하야 | 令 | 彼 | 衆 | 生 | 으로 | 悉 | 得 | 解 | |
| 대신할 대 | 받을 수 | | 하여금 영 | 저 피 | 무리 중 | 날 생 | | 다 실 | 얻을 득 | 풀 해 | |
| 脫 | 하고 | 究 | 竟 | 成 | 就 | 無 | 上 | 菩 | 提 | 니 | |
| 벗을 탈 | | 궁구할 구 | 다할 경 | 이룰 성 | 나아갈 취 | 없을 무 | 위 상 | 보리 보 | 끝 제(리) | | |
| 菩 | 薩 | 의 | 如 | 是 | 所 | 修 | 廻 | 向 | 이 | 虛 | |
| 보리 보 | 보살 살 | | 같을 여 | 이 시 | 바 소 | 닦을 수 | 돌 회 | 향할 향 | | 빌 허 | |

온갖 나쁜 갈래의 문은 닫아 버리고, 인간이나 천상이나 열반에 이르는 바른 길은 열어 보이며,
만약 모든 중생들이 쌓아온 나쁜 업으로 말미암아 받게 되는 일체 무거운 고통의 과보를
내가 대신하여 받으며, 그 중생들이 모두 다 해탈을 얻고,
마침내는 더없이 훌륭한 보리를 성취하기를 원하는 것입니다.
보살은 이와 같이 회향하나니

| 空 | 界 | 盡 | 하며 | | 衆 | 生 | 界 | 盡 | 하며 | | 衆 | 生 |
|---|---|---|---|---|---|---|---|---|---|---|---|---|
| 빌공 | 경계 계 | 다할 진 | | | 무리 중 | 날 생 | 경계 계 | 다할 진 | | | 무리 중 | 날 생 |
| 業 | 盡 | | 하며 | | 衆 | 生 | 煩 | 惱 | 盡 | 하야도 | 我 | 此 |
| 업 업 | 다할 진 | | | | 무리 중 | 날 생 | 번거로울 번 | 번뇌할 뇌 | 다할 진 | | 나 아 | 이 차 |
| 廻 | 向 | 은 | | 無 | 有 | 窮 | 盡 | 이니 | | 念 | 念 | 相 |
| 돌 회 | 향할 향 | | | 없을 무 | 있을 유 | 다할 궁 | 다할 진 | | | 생각 염 | 생각 념 | 서로 상 |
| 續 | 하야 | | 無 | 有 | 間 | 斷 | 하야 | | 身 | 語 | 意 | 業 |
| 이을 속 | | | 없을 무 | 있을 유 | 사이 간 | 끊을 단 | | | 몸 신 | 말씀 어 | 뜻 의 | 업 업 |
| 이 | 無 | 有 | 疲 | 厭 | 이니라 | | | | | | | |
| | 없을 무 | 있을 유 | 피곤할 피 | 싫어할 염 | | | | | | | | |

## 2. 利 益

이로울 이 / 더할 익

허공계가 끝나고, 중생계가 끝나고, 중생의 업이 끝나고, 중생의 번뇌가 끝나더라도
나의 이 회향은 끝나지 않고 염념이 계속하여 쉬지 않건만
몸과 말과 뜻으로 하는 일은 지치거나 싫어함이 없습니다."

### 2. 이익을 밝히다

| 善 | 男 | 子 | 야 | 是 | 爲 | 菩 | 薩 | 摩 | 訶 | 薩 |
|---|---|---|---|---|---|---|---|---|---|---|
| 착할 선 | 사내 남 | 아들 자 | | 이 시 | 할 위 | 보리 보 | 보살 살 | 갈 마 | 꾸짖을 가(하) | 보살 살 |
| 의 | 十 | 種 | 大 | 願 | 이 | 具 | 足 | 圓 | 滿 | 이니 |
| | 열 십 | 종류 종 | 큰 대 | 원할 원 | | 갖출 구 | 족할 족 | 둥글 원 | 찰 만 | |
| 若 | 諸 | 菩 | 薩 | 이 | 於 | 此 | 大 | 願 | 에 | 隨 |
| 만약 약 | 모두 제 | 보리 보 | 보살 살 | | 어조사 어 | 이 차 | 큰 대 | 원할 원 | | 따를 수 |
| 順 | 趣 | 入 | 하면 | 則 | 能 | 成 | 熟 | 一 | 切 | 衆 |
| 순할 순 | 향할 취 | 들 입 | | 곧 즉 | 능할 능 | 이룰 성 | 익을 숙 | 한 일 | 온통 체 | 무리 중 |
| 生 | 하며 | 則 | 能 | 隨 | 順 | 阿 | 耨 | 多 | 羅 | 三 |
| 날 생 | | 곧 즉 | 능할 능 | 따를 수 | 순할 순 | 언덕 아 | 김맬 누(녹) | 많을 다 | 그물 라 | 석 삼 |
| 藐 | 三 | 菩 | 提 | 하며 | 則 | 能 | 成 | 滿 | 普 | 賢 |
| 아득할 막(막) | 석 삼 | 보리 보 | 끌 제(리) | | 곧 즉 | 능할 능 | 이룰 성 | 찰 만 | 넓을 보 | 어질 현 |
| 菩 | 薩 | 諸 | 行 | 願 | 海 | 하리니 | 是 | 故 | 로 | 善 |
| 보리 보 | 보살 살 | 모두 제 | 행할 행 | 원할 원 | 바다 해 | | 이 시 | 연고 고 | | 착할 선 |

"선남자여, 이것이 보살마하살의 열 가지 큰 서원이 구족하게 원만한 것입니다.

만일 모든 보살들이 이 큰 서원을 수순해서 나아가면 능히 일체 중생들을 성숙시키게 될 것입니다.

그리고 곧 최상의 깨달음을 수순하게 되며

능히 보현보살의 모든 수행과 원력을 원만하게 성취할 것입니다.

| 男 | 子 | 야 | | 汝 | 於 | 此 | 義 | 에 | | 應 | 如 | 是 |
|---|---|---|---|---|---|---|---|---|---|---|---|---|
| 사내 남 | 아들 자 | | | 너 여 | 어조사 어 | 이 차 | 뜻 의 | | | 응당 응 | 같을 여 | 이 시 |

| 知 | 니라 |
|---|---|
| 알 지 | |

| 3. | | 經 | 의 | 殊 | 勝 | 한 | | 功 | 德 |
|---|---|---|---|---|---|---|---|---|---|
| | | 글 경 | | 다를 수 | 수승할 승 | | | 공 공 | 덕 덕 |

| 若 | 有 | 善 | 男 | 子 | 善 | 女 | 人 | 이 | | 以 | 滿 |
|---|---|---|---|---|---|---|---|---|---|---|---|
| 만약 약 | 있을 유 | 착할 선 | 사내 남 | 아들 자 | 착할 선 | 여자 여 | 사람 인 | | | 써 이 | 찰 만 |

| 十 | 方 | 無 | 量 | 無 | 邊 | 不 | 可 | 說 | 不 | 可 |
|---|---|---|---|---|---|---|---|---|---|---|
| 열 십(시) | 방위 방 | 없을 무 | 헤아릴 량 | 없을 무 | 가 변 | 아닐 불 | 가히 가 | 말씀 설 | 아닐 불 | 가히 가 |

| 說 | 佛 | 刹 | 極 | 微 | 塵 | 數 | 一 | 切 | 世 | 界 |
|---|---|---|---|---|---|---|---|---|---|---|
| 말씀 설 | 부처 불 | 절 찰 | 극진할 극 | 작을 미 | 티끌 진 | 셈 수 | 한 일 | 온통 체 | 세상 세 | 경계 계 |

그러므로 선남자여, 그대는 이 이치를 마땅히 이와 같이 알아야 할 것입니다.”

### 3. 경전의 수승한 공덕
“만일 선남자나 선여인이 시방에 가득한 한량없고 끝이 없어서
이루 다 말할 수 없이 말할 수 없는 세계의 아주 작은 먼지 수와 같이 많고 많은 모든 세계의
가장 좋은 칠보로 보시하고,

| 上 | 妙 | 七 | 寶 | 와 | 及 | 諸 | 人 | 天 | 의 | 最 |
|---|---|---|---|---|---|---|---|---|---|---|
| 위 상 | 묘할 묘 | 일곱 칠 | 보배 보 | | 및 급 | 모두 제 | 사람 인 | 하늘 천 | | 가장 최 |
| 勝 | 安 | 樂 | 으로 | 布 | 施 | 爾 | 所 | 一 | 切 | 世 |
| 수승할 승 | 편안 안 | 즐길 락 | | 보시 보 | 베풀 시 | 너 이 | 바 소 | 한 일 | 온통 체 | 세상 세 |
| 界 | 所 | 有 | 衆 | 生 | 하며 | 供 | 養 | 爾 | 所 | 一 |
| 경계 계 | 바 소 | 있을 유 | 무리 중 | 날 생 | | 이바지할 공 | 기를 양 | 너 이 | 바 소 | 한 일 |
| 切 | 世 | 界 | 諸 | 佛 | 菩 | 薩 | 호대 | 經 | 爾 | 所 |
| 온통 체 | 세상 세 | 경계 계 | 모두 제 | 부처 불 | 보리 보 | 보살 살 | | 지날 경 | 너 이 | 바 소 |
| 佛 | 刹 | 極 | 微 | 塵 | 數 | 劫 | 토록 | 相 | 續 | 不 |
| 부처 불 | 절 찰 | 극진할 극 | 작을 미 | 티끌 진 | 셈 수 | 겁 겁 | | 서로 상 | 이을 속 | 아닐 부 |
| 斷 | 하야 | 所 | 得 | 功 | 德 | 을 | 若 | 復 | 有 | 人 |
| 끊을 단 | | 바 소 | 얻을 득 | 공 공 | 덕 덕 | | 만약 약 | 다시 부 | 있을 유 | 사람 인 |
| 이 | 聞 | 此 | 願 | 王 | 하고 | 一 | 經 | 於 | 耳 | 한 |
| | 들을 문 | 이 차 | 원할 원 | 임금 왕 | | 한 일 | 지날 경 | 어조사 어 | 귀 이 | |

또 모든 천상과 인간의 가장 훌륭한 안락으로써 그러한 모든 세계의 중생들에게 보시하고,
또한 그러한 모든 세계의 부처님과 보살들께 공양하기를
그러한 세계의 아주 작은 먼지 수의 겁을 지나도록 계속하여 보시하는 그 공덕과,
만약 또 어떤 사람이 이 열 가지 행원을 한 번 들은 공덕을 비교하면

| 所 | 有 | 功 | 德 | 으로 | 比 | 前 | 功 | 德 | 하면 | 百 |
|---|---|---|---|---|---|---|---|---|---|---|
| 바소 | 있을유 | 공공 | 덕덕 | | 견줄비 | 앞전 | 공공 | 덕덕 | | 일백백 |
| 分 | 에 | 不 | 及 | 一 | 이며 | 千 | 分 | 에 | 不 | 及 |
| 나눌분 | | 아닐불 | 미칠급 | 한일 | | 일천천 | 나눌분 | | 아닐불 | 미칠급 |
| 一 | 이며 | 乃 | 至 | 優 | 波 | 尼 | 沙 | 陀 | 分 | 에도 |
| 한일 | | 이에내 | 이를지 | 넉넉할우 | 물결파 | 여승니 | 모래사 | 비탈질타 | 나눌분 | |
| 亦 | 不 | 及 | 一 | 이니라 | 或 | 復 | 有 | 人 | 이 | 以 |
| 또역 | 아닐불 | 미칠급 | 한일 | | 혹혹 | 다시부 | 있을유 | 사람인 | | 써이 |
| 深 | 信 | 心 | 으로 | 於 | 此 | 大 | 願 | 에 | 受 | 持 |
| 깊을심 | 믿을신 | 마음심 | | 어조사어 | 이차 | 큰대 | 원할원 | | 받을수 | 가질지 |
| 讀 | 誦 | 하며 | 乃 | 至 | 書 | 寫 | 一 | 四 | 句 | 偈 |
| 읽을독 | 외울송 | | 이에내 | 이를지 | 쓸서 | 베낄사 | 한일 | 넉사 | 글귀구 | 노래게 |
| 하면 | 速 | 能 | 除 | 滅 | 五 | 無 | 間 | 業 | 하며 | 所 |
| | 빠를속 | 능할능 | 덜제 | 멸할멸 | 다섯오 | 없을무 | 사이간 | 업업 | | 바소 |

앞의 공덕은 뒤의 것의 백분의 일에도 미치지 못하고, 천분의 일에도 미치지 못하고,
내지 우파니사타분의 일에도 미치지 못합니다.
혹 다시 어떤 사람이 깊은 믿음으로 이 열 가지 큰 행원을
받아 지니거나 읽고 외우거나 한 사구게송만이라도 쓴다면
다섯 가지 무간지옥에 떨어질 죄업이라도 이내 소멸될 것입니다.

| 有 | 世 | 間 | 身 | 心 | 等 | 病 | 의 | 種 | 種 | 苦 |
|---|---|---|---|---|---|---|---|---|---|---|
| 있을 유 | 세상 세 | 사이 간 | 몸 신 | 마음 심 | 무리 등 | 병 병 | | 종류 종 | 종류 종 | 괴로울 고 |

| 惱 | 와 | 乃 | 至 | 佛 | 刹 | 極 | 微 | 塵 | 數 | 一 |
|---|---|---|---|---|---|---|---|---|---|---|
| 번뇌할 뇌 | | 이에 내 | 이를 지 | 부처 불 | 절 찰 | 극진할 극 | 작을 미 | 티끌 진 | 셈 수 | 한 일 |

| 切 | 惡 | 業 | 이 | 皆 | 得 | 消 | 除 | 하며 | 一 | 切 |
|---|---|---|---|---|---|---|---|---|---|---|
| 온통 체 | 악할 악 | 업 업 | | 다 개 | 얻을 득 | 사라질 소 | 덜 제 | | 한 일 | 온통 체 |

| 魔 | 軍 | 과 | 夜 | 叉 | 羅 | 刹 | 과 | 若 | 鳩 | 槃 |
|---|---|---|---|---|---|---|---|---|---|---|
| 마귀 마 | 군사 군 | | 밤 야 | 갈래 차 | 그물 나 | 절 찰 | | 및 약 | 비둘기 구 | 쟁반 반 |

| 茶 | 와 | 若 | 毘 | 舍 | 闍 | 와 | 若 | 部 | 多 | 等 |
|---|---|---|---|---|---|---|---|---|---|---|
| 차 다 | | 및 약 | 도울 비 | 집 사 | 사리 사 | | 및 약 | 거느릴 부 | 많을 다 | 무리 등 |

| 의 | 飮 | 血 | 噉 | 肉 | 하는 | 諸 | 惡 | 鬼 | 神 | 이 |
|---|---|---|---|---|---|---|---|---|---|---|
| | 마실 음 | 피 혈 | 먹을 담 | 고기 육 | | 모두 제 | 악할 악 | 귀신 귀 | 신 신 | |

| 皆 | 悉 | 遠 | 離 | 하며 | 或 | 時 | 發 | 心 | 하야 | 親 |
|---|---|---|---|---|---|---|---|---|---|---|
| 다 개 | 다 실 | 멀 원 | 떠날 리 | | 혹 혹 | 때 시 | 발할 발 | 마음 심 | | 친할 친 |

이 세간에서 받은 몸과 마음의 병이나 갖가지 괴로움과
내지 온 세계의 아주 작은 먼지 수의 모든 악업이 다 소멸될 것입니다.
온갖 마군이나 야차나 나찰이나 구반다나 비사사나 부단나 따위로서
피를 마시고 살을 먹은 모든 몹쓸 귀신들이 모두 멀리 떠나거나
아니면 혹은 좋은 마음을 내어 가까이 있으면서 수호할 것입니다.

| | | | | | | | | | | |
|---|---|---|---|---|---|---|---|---|---|---|
| 近 | 守 | 護 | 하리라 | 是 | 故 | 로 | 若 | 人 | 이 | 誦 |
| 가까울 근 | 지킬 수 | 도울 호 | | 이 시 | 연고 고 | | 만약 약 | 사람 인 | | 외울 송 |
| 此 | 願 | 者 | 는 | 行 | 於 | 世 | 間 | 호대 | 無 | 有 |
| 이 차 | 원할 원 | 사람 자 | | 다닐 행 | 어조사 어 | 세상 세 | 사이 간 | | 없을 무 | 있을 유 |
| 障 | 礙 | 호미 | 如 | 空 | 中 | 月 | 이 | 出 | 於 | 雲 |
| 막을 장 | 거리낄 애 | | 같을 여 | 빌 공 | 가운데 중 | 달 월 | | 날 출 | 어조사 어 | 구름 운 |
| 翳 | 하야 | 諸 | 佛 | 菩 | 薩 | 之 | 所 | 稱 | 讚 | 이며 |
| 가릴 예 | | 모두 제 | 부처 불 | 보리 보 | 보살 살 | 어조사 지 | 바 소 | 일컬을 칭 | 기릴 찬 | |
| 一 | 切 | 人 | 天 | 이 | 皆 | 應 | 禮 | 敬 | 이며 | 一 |
| 한 일 | 온통 체 | 사람 인 | 하늘 천 | | 다 개 | 응할 응 | 예도 예 | 공경 경 | | 한 일 |
| 切 | 衆 | 生 | 이 | 悉 | 應 | 供 | 養 | 이니라 | 此 | 善 |
| 온통 체 | 무리 중 | 날 생 | | 다 실 | 응할 응 | 이바지할 공 | 기를 양 | | 이 차 | 착할 선 |
| 男 | 子 | 는 | 善 | 得 | 人 | 身 | 하야 | 圓 | 滿 | 普 |
| 사내 남 | 아들 자 | | 착할 선 | 얻을 득 | 사람 인 | 몸 신 | | 둥글 원 | 찰 만 | 넓을 보 |

그러므로 만약 이 행원을 외우는 사람은 어떠한 세상에 다니더라도
공중의 달이 구름을 벗어나듯이 거리낌이 없을 것이며,
모든 부처님과 보살들이 칭찬하고 일체 천신과 세상 사람들이 다 예경하고
일체 중생이 다 공양할 것입니다.
이 선남자는 사람의 몸을 잘 얻어서 보현보살의 공덕을 원만히 갖추고,

| 賢 | 의 | 所 | 有 | 功 | 德 | 하야 | 不 | 久 | 當 | 如 |
|---|---|---|---|---|---|---|---|---|---|---|
| 어질 현 | | 바 소 | 있을 유 | 공 공 | 덕 덕 | | 아닐 불 | 오랠 구 | 마땅 당 | 같을 여 |

| 普 | 賢 | 菩 | 薩 | 하며 | 速 | 得 | 成 | 就 | 微 | 妙 |
|---|---|---|---|---|---|---|---|---|---|---|
| 넓을 보 | 어질 현 | 보리 보 | 보살 살 | | 빠를 속 | 얻을 득 | 이룰 성 | 나아갈 취 | 작을 미 | 묘할 묘 |

| 色 | 身 | 하야 | 具 | 三 | 十 | 二 | 大 | 丈 | 夫 | 相 |
|---|---|---|---|---|---|---|---|---|---|---|
| 빛 색 | 몸 신 | | 갖출 구 | 석 삼 | 열 십 | 두 이 | 큰 대 | 어른 장 | 지아비 부 | 모양 상 |

| 하며 | 若 | 生 | 人 | 天 | 하면 | 所 | 在 | 之 | 處 | 에 |
|---|---|---|---|---|---|---|---|---|---|---|
| | 만약 약 | 날 생 | 사람 인 | 하늘 천 | | 바 소 | 있을 재 | 어조사 지 | 곳 처 | |

| 常 | 居 | 勝 | 族 | 하야 | 悉 | 能 | 破 | 壞 | 一 | 切 |
|---|---|---|---|---|---|---|---|---|---|---|
| 항상 상 | 살 거 | 수승할 승 | 겨레 족 | | 다 실 | 능할 능 | 깨뜨릴 파 | 무너질 괴 | 한 일 | 온통 체 |

| 惡 | 趣 | 하며 | 悉 | 能 | 遠 | 離 | 一 | 切 | 惡 | 友 |
|---|---|---|---|---|---|---|---|---|---|---|
| 악할 악 | 갈래 취 | | 다 실 | 능할 능 | 멀 원 | 떠날 리 | 한 일 | 온통 체 | 악할 악 | 벗 우 |

| 하며 | 悉 | 能 | 制 | 伏 | 一 | 切 | 外 | 道 | 하며 | 悉 |
|---|---|---|---|---|---|---|---|---|---|---|
| | 다 실 | 능할 능 | 절제할 제 | 엎드릴 복 | 한 일 | 온통 체 | 밖 외 | 길 도 | | 다 실 |

오래지 않아 마땅히 보현보살과 같이 미묘한 몸을 빨리 성취하여
서른두 가지 대장부다운 상을 갖출 것입니다.
만약 천상에나 인간에 나면 가는 곳마다 항상 으뜸이 되는 가문에 태어날 것이요,
모든 악한 갈래를 깨뜨리고 나쁜 친구를 멀리 여의며, 모든 외도를 항복받고,

| 能 | 解 | 脫 | 一 | 切 | 煩 | 惱 | 호미 | 如 | 獅 | 子 |
|---|---|---|---|---|---|---|---|---|---|---|
| 능할 능 | 풀 해 | 벗을 탈 | 한 일 | 온통 체 | 번거로울 번 | 번뇌할 뇌 | | 같을 여 | 사자 사 | 아들 자 |

| 王 | 이 | 摧 | 伏 | 群 | 獸 | 하야 | 堪 | 受 | 一 | 切 |
|---|---|---|---|---|---|---|---|---|---|---|
| 임금 왕 | | 꺾을 최 | 엎드릴 복 | 무리 군 | 짐승 수 | | 견딜 감 | 받을 수 | 한 일 | 온통 체 |

| 衆 | 生 | 供 | 養 | 하리라 | 又 | 復 | 是 | 人 | 은 | 臨 |
|---|---|---|---|---|---|---|---|---|---|---|
| 무리 중 | 날 생 | 이바지할 공 | 기를 양 | | 또 우 | 다시 부 | 이 시 | 사람 인 | | 임할 임 |

| 命 | 終 | 時 | 最 | 後 | 刹 | 那 | 에 | 一 | 切 | 諸 |
|---|---|---|---|---|---|---|---|---|---|---|
| 목숨 명 | 마칠 종 | 때 시 | 가장 최 | 뒤 후 | 절 찰 | 어찌 나 | | 한 일 | 온통 체 | 모두 제 |

| 根 | 이 | 悉 | 皆 | 散 | 壞 | 하며 | 一 | 切 | 親 | 屬 |
|---|---|---|---|---|---|---|---|---|---|---|
| 뿌리 근 | | 다 실 | 다 개 | 흩을 산 | 무너질 괴 | | 한 일 | 온통 체 | 친할 친 | 무리 속 |

| 이 | 悉 | 皆 | 捨 | 離 | 하며 | 一 | 切 | 威 | 勢 | 가 |
|---|---|---|---|---|---|---|---|---|---|---|
| | 다 실 | 다 개 | 버릴 사 | 떠날 리 | | 한 일 | 온통 체 | 위엄 위 | 형세 세 | |

| 悉 | 皆 | 退 | 失 | 하며 | 輔 | 相 | 大 | 臣 | 과 | 宮 |
|---|---|---|---|---|---|---|---|---|---|---|
| 다 실 | 다 개 | 물러날 퇴 | 잃을 실 | | 재상 보 | 정승 상 | 큰 대 | 신하 신 | | 집 궁 |

온갖 번뇌를 모두 해탈하여 마치 큰 사자가 뭇 짐승을 항복시키듯이 할 것이며,
일체 중생들의 공양을 받을 것입니다.
또 이 사람이 목숨을 마치는 마지막 찰나에는 육신은 모두 다 무너져 흩어지고,
모든 친척 권속은 다 버리고 떠나게 되고, 일체의 권세도 잃어져 고관대작과

| 城 | 內 | 外 | 와 | 象 | 馬 | 車 | 乘 | 과 | 珍 | 寶 |
|---|---|---|---|---|---|---|---|---|---|---|
| 성 성 | 안 내 | 밖 외 | | 코끼리 상 | 말 마 | 수레 거 | 탈 승 | | 보배 진 | 보배 보 |
| 伏 | 藏 | 인 | 如 | 是 | 一 | 切 | 가 | 無 | 復 | 相 |
| 숨을 복 | 감출 장 | | 같을 여 | 이 시 | 한 일 | 온통 체 | | 없을 무 | 다시 부 | 서로 상 |
| 隨 | 호대 | 唯 | 此 | 願 | 王 | 은 | 不 | 相 | 捨 | 離 |
| 따를 수 | | 오직 유 | 이 차 | 원할 원 | 임금 왕 | | 아닐 불 | 서로 상 | 버릴 사 | 떠날 리 |
| 하야 | 於 | 一 | 切 | 時 | 에 | 引 | 導 | 其 | 前 | 하야 |
| | 어조사 어 | 한 일 | 온통 체 | 때 시 | | 끌 인 | 인도할 도 | 그 기 | 앞 전 | |
| 一 | 刹 | 那 | 中 | 에 | 卽 | 得 | 往 | 生 | 極 | 樂 |
| 한 일 | 절 찰 | 어찌 나 | 가운데 중 | | 곧 즉 | 얻을 득 | 갈 왕 | 날 생 | 극진할 극 | 즐길 락 |
| 世 | 界 | 하나니 | 到 | 已 | 에 | 卽 | 見 | 阿 | 彌 | 陀 |
| 세상 세 | 경계 계 | | 이를 도 | 마칠 이 | | 곧 즉 | 볼 견 | 언덕 아 | 두루 미 | 비탈질 타 |
| 佛 | 과 | 文 | 殊 | 師 | 利 | 菩 | 薩 | 과 | 普 | 賢 |
| 부처 불 | | 글월 문 | 다를 수 | 스승 사 | 이로울 리 | 보리 보 | 보살 살 | | 넓을 보 | 어질 현 |

궁성 안팎과 코끼리, 말, 수레와 보배 창고들이 하나도 따라오지 않지만,
오직 이 열 가지 서원은 서로 떠나지 않고 어느 때에나 앞길을 인도하여
한 찰나 동안에 곧바로 극락세계에 왕생함을 얻을 것입니다.
극락에 가서는 곧 아미타불과 문수보살과 보현보살과

| | | | | | | | | | | |
|---|---|---|---|---|---|---|---|---|---|---|
| 菩 보리 **보** | 薩 보살 **살** | 과 | 觀 볼 **관** | 自 스스로 **자** | 在 있을 **재** | 菩 보리 **보** | 薩 보살 **살** | 과 | 彌 두루 **미** | 勒 굴레 **륵** |
| 菩 보리 **보** | 薩 보살 **살** | 等 무리 **등** | 이니 | 此 이 **차** | 諸 모두 **제** | 菩 보리 **보** | 薩 보살 **살** | 이 | 色 빛 **색** | 相 모양 **상** |
| 端 바를 **단** | 嚴 엄할 **엄** | 하며 | 功 공 **공** | 德 덕 **덕** | 具 갖출 **구** | 足 족할 **족** | 하야 | 所 바 **소** | 共 함께 **공** | 圍 에워쌀 **위** |
| 繞 두를 **요** | 나라 | 其 그 **기** | 人 사람 **인** | 이 | 自 스스로 **자** | 見 볼 **견** | 生 날 **생** | 蓮 연꽃 **연** | 華 꽃 **화** | 中 가운데 **중** |
| 하야 | 蒙 입을 **몽** | 佛 부처 **불** | 授 줄 **수** | 記 기별 **기** | 하고 | 得 얻을 **득** | 授 줄 **수** | 記 기별 **기** | 已 마칠 **이** | 에 |
| 經 지날 **경** | 於 어조사 **어** | 無 없을 **무** | 數 셈 **수** | 百 일백 **백** | 千 일천 **천** | 萬 일만 **만** | 億 억 **억** | 那 어찌 **나** | 由 말미암을 **유** | 他 다를 **타** |
| 劫 겁 **겁** | 토록 | 普 넓을 **보** | 於 어조사 **어** | 十 열 **십(시)** | 方 방위 **방** | 不 아닐 **불** | 可 가히 **가** | 說 말씀 **설** | 不 아닐 **불** | 可 가히 **가** |

관자재보살과 미륵보살 등을 친견할 것이며,

이 모든 보살들은 모습이 단정하고 공덕이 구족하여 다 함께 아미타불을 둘러앉아 있을 것입니다.

그 사람은 제 몸이 절로 연꽃 위에 태어나서 부처님의 수기 받음을 스스로 볼 것입니다.

수기를 받고는 무수한 백천만억 나유타 겁을 지나면서

널리 시방의 이루 다 말할 수 없이 말할 수 없는 세계에

| 說 | 世 | 界 | 에 | 以 | 智 | 慧 | 力 | 으로 | 隨 | 衆 |
|---|---|---|---|---|---|---|---|---|---|---|
| 말씀 설 | 세상 세 | 경계 계 | | 써 이 | 슬기 지 | 슬기로울 혜 | 힘 력 | | 따를 수 | 무리 중 |
| 生 | 心 | 하야 | 而 | 爲 | 利 | 益 | 하며 | 不 | 久 | 에 |
| 날 생 | 마음 심 | | 말 이을 이 | 할 위 | 이로울 이 | 더할 익 | | 아닐 불 | 오랠 구 | |
| 當 | 坐 | 菩 | 提 | 道 | 場 | 하야 | 降 | 伏 | 魔 | 軍 |
| 마땅 당 | 앉을 좌 | 보리 보 | 끝 제(리) | 길 도 | 마당 장(량) | | 항복할 항 | 엎드릴 복 | 마귀 마 | 군사 군 |
| 하고 | 成 | 等 | 正 | 覺 | 하야 | 轉 | 妙 | 法 | 輪 | 하야 |
| | 이룰 성 | 같을 등 | 바를 정 | 깨달을 각 | | 구를 전 | 묘할 묘 | 법 법 | 바퀴 륜 | |
| 能 | 令 | 佛 | 刹 | 極 | 微 | 塵 | 數 | 世 | 界 | 衆 |
| 능할 능 | 하여금 령 | 부처 불 | 절 찰 | 극진할 극 | 작을 미 | 티끌 진 | 셈 수 | 세상 세 | 경계 계 | 무리 중 |
| 生 | 으로 | 發 | 菩 | 提 | 心 | 하야 | 隨 | 其 | 根 | 性 |
| 날 생 | | 발할 발 | 보리 보 | 끝 제(리) | 마음 심 | | 따를 수 | 그 기 | 뿌리 근 | 성품 성 |
| 하야 | 敎 | 化 | 成 | 熟 | 하며 | 乃 | 至 | 盡 | 於 | 未 |
| | 가르칠 교 | 될 화 | 이룰 성 | 익을 숙 | | 이에 내 | 이를 지 | 다할 진 | 어조사 어 | 아닐 미 |

지혜의 힘으로써 중생들의 마음을 따라 이롭게 할 것입니다.
그리고 오래지 않아서 마땅히 보리도량에 앉아 마군을 항복받고 정각을 이룰 것입니다.
다시 미묘한 법륜을 굴리어 능히 세계의 아주 작은 먼지 수 세계의 중생들로 하여금
보리심을 내게 하고 그들의 근기에 따라 교화하여 성숙시키며,

| 來 | 劫 | 海 | 토록 | 廣 | 能 | 利 | 益 | 一 | 切 | 衆 |
|---|---|---|---|---|---|---|---|---|---|---|
| 올 래 | 겁 겁 | 바다 해 | | 넓을 광 | 능할 능 | 이로울 이 | 더할 익 | 한 일 | 온통 체 | 무리 중 |
| 生 | 하리라 | 善 | 男 | 子 | 야 | 彼 | 諸 | 衆 | 生 | 이 |
| 날 생 | | 착할 선 | 사내 남 | 아들 자 | | 저 피 | 모두 제 | 무리 중 | 날 생 | |
| 若 | 聞 | 若 | 信 | 此 | 大 | 願 | 王 | 하야 | 受 | 持 |
| 만약 약 | 들을 문 | 만약 약 | 믿을 신 | 이 차 | 큰 대 | 원할 원 | 임금 왕 | | 받을 수 | 가질 지 |
| 讀 | 誦 | 하고 | 廣 | 爲 | 人 | 說 | 하면 | 所 | 有 | 功 |
| 읽을 독 | 외울 송 | | 넓을 광 | 위할 위 | 사람 인 | 말씀 설 | | 바 소 | 있을 유 | 공 공 |
| 德 | 이 | 除 | 佛 | 世 | 尊 | 하고는 | 餘 | 無 | 知 | 者 |
| 덕 덕 | | 덜 제 | 부처 불 | 세상 세 | 높을 존 | | 남을 여 | 없을 무 | 알 지 | 사람 자 |
| 라 | 是 | 故 | 汝 | 等 | 은 | 聞 | 此 | 願 | 王 | 에 |
| | 이 시 | 연고 고 | 너 여 | 무리 등 | | 들을 문 | 이 차 | 원할 원 | 임금 왕 | |
| 莫 | 生 | 疑 | 念 | 하고 | 應 | 當 | 諦 | 受 | 하며 | 受 |
| 말 막 | 날 생 | 의심할 의 | 생각 념 | | 응당 응 | 마땅 당 | 살필 체 | 받을 수 | | 받을 수 |

내지 오는 세월이 다하도록 일체 중생을 널리 이롭게 할 것입니다.
선남자여, 저 모든 중생들이 만약 이 열 가지 행원을 듣고 믿고
받아 지니고 읽고 외우며 출판하고 남을 위하여 연설하면
그 공덕은 부처님 외에는 알 사람이 없습니다.
그러므로 그대들은 이 행원을 듣거든 의심을 내지 말고 자세히 받아들이십시오.

| 已 | 能 | 讀 | 하며 | | 讀 | 已 | 能 | 誦 | 하며 | | 誦 | 已 |
|---|---|---|---|---|---|---|---|---|---|---|---|---|
| 마칠 이 | 능할 능 | 읽을 독 | | | 읽을 독 | 마칠 이 | 능할 능 | 외울 송 | | | 외울 송 | 마칠 이 |

| 能 | 持 | 하며 | | 乃 | 至 | 書 | 寫 | 하야 | | 廣 | 爲 | 人 |
|---|---|---|---|---|---|---|---|---|---|---|---|---|
| 능할 능 | 가질 지 | | | 이에 내 | 이를 지 | 쓸 서 | 베낄 사 | | | 넓을 광 | 위할 위 | 사람 인 |

| 說 | 이니 | | 是 | 諸 | 人 | 等 | 은 | | 於 | 一 | 念 | 中 |
|---|---|---|---|---|---|---|---|---|---|---|---|---|
| 말씀 설 | | | 이 시 | 모두 제 | 사람 인 | 무리 등 | | | 어조사 어 | 한 일 | 생각 념 | 가운데 중 |

| 에 | | 所 | 有 | 行 | 願 | 이 | | 皆 | 得 | 成 | 就 | 하며 |
|---|---|---|---|---|---|---|---|---|---|---|---|---|
| | | 바 소 | 있을 유 | 행할 행 | 원할 원 | | | 다 개 | 얻을 득 | 이룰 성 | 나아갈 취 | |

| 所 | 獲 | 福 | 聚 | 가 | | 無 | 量 | 無 | 邊 | 하야 | | 能 |
|---|---|---|---|---|---|---|---|---|---|---|---|---|
| 바 소 | 얻을 획 | 복 복 | 모을 취 | | | 없을 무 | 헤아릴 량 | 없을 무 | 가 변 | | | 능할 능 |

| 於 | 煩 | 惱 | 大 | 苦 | 海 | 中 | 에 | | 拔 | 濟 | 衆 |
|---|---|---|---|---|---|---|---|---|---|---|---|
| 어조사 어 | 번거로울 번 | 번뇌할 뇌 | 큰 대 | 괴로울 고 | 바다 해 | 가운데 중 | | | 뽑을 발 | 건널 제 | 무리 중 |

| 生 | 하야 | | 令 | 其 | 出 | 離 | 하야 | | 皆 | 得 | 往 | 生 |
|---|---|---|---|---|---|---|---|---|---|---|---|---|
| 날 생 | | | 하여금 영 | 그 기 | 날 출 | 떠날 리 | | | 다 개 | 얻을 득 | 갈 왕 | 날 생 |

받아들이고는 읽고, 읽고는 외우고, 외우고는 항상 지니십시오.
또한 베껴 쓰고 출판하며 남에게 설명하여 베풀어 주십시오.
이런 사람들은 한순간에 모든 행원을 다 성취할 것입니다.
얻는 복덕은 한량없고 가없으며,
번뇌의 고해에서 중생들을 건져내어 생사를 멀리 여의고

| 阿 | 彌 | 陀 | 佛 | 極 | 樂 | 世 | 界 | 하리라 | |
|---|---|---|---|---|---|---|---|---|---|
| 언덕 **아** | 두루 **미** | 비탈질 **타** | 부처 **불** | 극진할 **극** | 즐길 **락** | 세상 **세** | 경계 **계** | | |

| 4 | . | 重 | 頌 | | | | | | | |
|---|---|---|---|---|---|---|---|---|---|---|
| | | 거듭 **중** | 기릴 **송** | | | | | | | |
| 爾 | 時 | 에 | 普 | 賢 | 菩 | 薩 | 摩 | 訶 | 薩 | 이 |
| 너 **이** | 때 **시** | | 넓을 **보** | 어질 **현** | 보리 **보** | 보살 **살** | 갈 **마** | 꾸짖을 **가(하)** | 보살 **살** | |
| 欲 | 重 | 宣 | 此 | 義 | 하사 | 普 | 觀 | 十 | 方 | 하고 |
| 하고자할 **욕** | 거듭 **중** | 베풀 **선** | 이 **차** | 뜻 **의** | | 넓을 **보** | 볼 **관** | 열 **십(시)** | 방위 **방** | |
| 而 | 說 | 偈 | 言 | 하사대 | | | | | | |
| 말 이을 **이** | 말씀 **설** | 노래 **게** | 말씀 **언** | | | | | | | |

모두 다 아미타불의 극락세계에 가서 나게 될 것입니다."

### 4. 열 가지 행원을 게송으로 노래하다
그때에 보현보살마하살이 그 뜻을 다시 펴려고 하여
시방을 두루 살피면서 게송으로 말하였습니다.

| (1) | 禮 | 敬 | 諸 | 佛 | | | | |
|---|---|---|---|---|---|---|---|---|
| | 예도 예 | 공경 경 | 모두 제 | 부처 불 | | | | |
| 所 | 有 | 十 | 方 | 世 | 界 | 中 | 에 | 온 법계 허공계의 |
| 바 소 | 있을 유 | 열 십(시) | 방위 방 | 세상 세 | 경계 계 | 가운데 중 | | 시방세계 가운데 |
| 三 | 世 | 一 | 切 | 人 | 獅 | 子 | 를 | 삼세의 한량없는 |
| 석 삼 | 세상 세 | 한 일 | 온통 체 | 사람 인 | 사자 사 | 아들 자 | | 부처님들께 |
| 我 | 以 | 淸 | 淨 | 身 | 語 | 意 | 로 | 이내 청정한 몸과 말과 |
| 나 아 | 써 이 | 맑을 청 | 깨끗할 정 | 몸 신 | 말씀 어 | 뜻 의 | | 생각으로 |
| 一 | 切 | 徧 | 禮 | 盡 | 無 | 餘 | 호대 | 한 분도 빼지 않고 |
| 한 일 | 온통 체 | 두루 변 | 예도 례 | 다할 진 | 없을 무 | 남을 여 | | 두루 예배하오며 |
| 普 | 賢 | 行 | 願 | 威 | 神 | 力 | 으로 | 보현보살 행과 원의 |
| 넓을 보 | 어질 현 | 행할 행 | 원할 원 | 위엄 위 | 신통할 신 | 힘 력 | | 크신 힘으로 |
| 普 | 現 | 一 | 切 | 如 | 來 | 前 | 하며 | 한량없는 부처님들 |
| 넓을 보 | 나타날 현 | 한 일 | 온통 체 | 같을 여 | 올 래 | 앞 전 | | 앞에 나아가 |
| 一 | 身 | 復 | 現 | 刹 | 塵 | 身 | 하야 | 한 몸으로 |
| 한 일 | 몸 신 | 다시 부 | 나타날 현 | 절 찰 | 티끌 진 | 몸 신 | | 먼지 수의 몸을 나타내어 |
| 一 | 一 | 徧 | 禮 | 刹 | 塵 | 佛 | 이로다 | 일일이 먼지 수의 부처님께 |
| 한 일 | 한 일 | 두루 변 | 예도 례 | 절 찰 | 티끌 진 | 부처 불 | | 예배합니다. |

| (2) | 稱 | 讚 | 如 | 來 | | | |
|---|---|---|---|---|---|---|---|
| | 칭찬할 **칭** | 기릴 **찬** | 같을 **여** | 올 래 | | | |

| 於 | 一 | 塵 | 中 | 塵 | 數 | 佛 | 이 |
|---|---|---|---|---|---|---|---|
| 어조사 **어** | 한 **일** | 티끌 **진** | 가운데 **중** | 티끌 **진** | 셈 **수** | 부처 **불** | |

한 개의 먼지 속
먼지 수의 부처님들이
보살 대중 모인 속에
각각 계시고

| 各 | 處 | 菩 | 薩 | 衆 | 會 | 中 | 하니 |
|---|---|---|---|---|---|---|---|
| 각각 **각** | 곳 **처** | 보리 **보** | 보살 **살** | 무리 **중** | 모일 **회** | 가운데 **중** | |

| 無 | 盡 | 法 | 界 | 塵 | 亦 | 然 | 이라 |
|---|---|---|---|---|---|---|---|
| 없을 **무** | 다할 **진** | 법 **법** | 경계 **계** | 티끌 **진** | 또 **역** | 그럴 **연** | |

온 법계의 먼지 속도
그와 같아서
부처님이 가득함을
깊이 믿으며

| 深 | 信 | 諸 | 佛 | 皆 | 充 | 滿 | 하고 |
|---|---|---|---|---|---|---|---|
| 깊을 **심** | 믿을 **신** | 모두 **제** | 부처 **불** | 다 **개** | 채울 **충** | 찰 **만** | |

| 各 | 以 | 一 | 切 | 音 | 聲 | 海 | 로 |
|---|---|---|---|---|---|---|---|
| 각각 **각** | 써 **이** | 한 **일** | 온통 **체** | 소리 **음** | 소리 **성** | 바다 **해** | |

제각기 가지각색
음성 바다로
그지없는 묘한 말씀
널리 펴내어

| 普 | 出 | 無 | 盡 | 妙 | 言 | 詞 | 하야 |
|---|---|---|---|---|---|---|---|
| 넓을 **보** | 날 **출** | 없을 **무** | 다할 **진** | 묘할 **묘** | 말씀 **언** | 말씀 **사** | |

| 盡 | 於 | 未 | 來 | 一 | 切 | 劫 | 토록 |
|---|---|---|---|---|---|---|---|
| 다할 **진** | 어조사 **어** | 아닐 **미** | 올 **래** | 한 **일** | 온통 **체** | 겁 **겁** | |

오는 세상 모든 겁이
다할 때까지
부처님의 깊은 공덕
찬탄합니다.

| 讚 | 佛 | 甚 | 深 | 功 | 德 | 海 | 로다 |
|---|---|---|---|---|---|---|---|
| 기릴 **찬** | 부처 **불** | 심할 **심** | 깊을 **심** | 공 **공** | 덕 **덕** | 바다 **해** | |

| (3) | 廣 | 修 | 供 | 養 | | | | |
|---|---|---|---|---|---|---|---|---|
| | 넓을 광 | 닦을 수 | 이바지할 공 | 기를 양 | | | | |

| 以 | 諸 | 最 | 勝 | 妙 | 華 | 鬘 | 과 | 가장 좋고 아름다운 |
|---|---|---|---|---|---|---|---|---|
| 써 이 | 모두 제 | 가장 최 | 수승할 승 | 묘할 묘 | 꽃 화 | 머리장식 만 | | 모든 꽃다발 |
| 伎 | 樂 | 塗 | 香 | 及 | 傘 | 蓋 | 인 | 좋은 음악 바르는 향과 |
| 재주 기 | 노래 악 | 칠할 도 | 향기 향 | 및 급 | 우산 산 | 덮을 개 | | 보배 일산과 |
| 如 | 是 | 最 | 勝 | 莊 | 嚴 | 具 | 로 | 이와 같이 훌륭한 |
| 같을 여 | 이 시 | 가장 최 | 수승할 승 | 꾸밀 장 | 엄할 엄 | 갖출 구 | | 장엄거리로 |
| 我 | 以 | 供 | 養 | 諸 | 如 | 來 | 하며 | 한량없는 부처님께 |
| 나 아 | 써 이 | 이바지할 공 | 기를 양 | 모두 제 | 같을 여 | 올 래 | | 공양하오며 |
| 最 | 勝 | 衣 | 服 | 最 | 勝 | 香 | 과 | 가장 좋은 의복과 |
| 가장 최 | 수승할 승 | 옷 의 | 옷 복 | 가장 최 | 수승할 승 | 향기 향 | | 가장 좋은 향 |
| 末 | 香 | 燒 | 香 | 與 | 燈 | 燭 | 을 | 가루 향과 사르는 향, |
| 끝 말 | 향기 향 | 불사를 소 | 향기 향 | 더불어 여 | 등불 등 | 촛불 촉 | | 등과 촛불을 |
| 一 | 一 | 皆 | 如 | 妙 | 高 | 聚 | 하야 | 하나하나 |
| 한 일 | 한 일 | 다 개 | 같을 여 | 묘할 묘 | 높을 고 | 모을 취 | | 수미산과 같은 것으로 |
| 我 | 悉 | 供 | 養 | 諸 | 如 | 來 | 하며 | 한량없는 부처님께 |
| 나 아 | 다 실 | 이바지할 공 | 기를 양 | 모두 제 | 같을 여 | 올 래 | | 공양하오며 |

| 我 | 以 | 廣 | 大 | 勝 | 解 | 心 | 으로 |
|---|---|---|---|---|---|---|---|
| 나 아 | 써 이 | 넓을 광 | 큰 대 | 수승할 승 | 풀 해 | 마음 심 | |
| 深 | 信 | 一 | 切 | 三 | 世 | 佛 | 하고 |
| 깊을 심 | 믿을 신 | 한 일 | 온통 체 | 석 삼 | 세상 세 | 부처 불 | |
| 悉 | 以 | 普 | 賢 | 行 | 願 | 力 | 으로 |
| 다 실 | 써 이 | 넓을 보 | 어질 현 | 행할 행 | 원할 원 | 힘 력 | |
| 普 | 徧 | 供 | 養 | 諸 | 如 | 來 | 로다 |
| 넓을 보 | 두루 변 | 이바지할 공 | 기를 양 | 모두 제 | 같을 여 | 올 래 | |

넓고 크고 잘 깨닫는
이내 맘으로
삼세의 모든 여래
깊이 믿으며

보현보살 행과 원의
크신 힘으로
두루두루 부처님께
공양합니다.

| (4) | 懺 | 除 | 業 | 障 | | | |
|---|---|---|---|---|---|---|---|
| | 뉘우칠 참 | 덜 제 | 업 업 | 막을 장 | | | |
| 我 | 昔 | 所 | 造 | 諸 | 惡 | 業 | 이 |
| 나 아 | 예 석 | 바 소 | 지을 조 | 모두 제 | 악할 악 | 업 업 | |
| 皆 | 由 | 無 | 始 | 貪 | 瞋 | 癡 | 라 |
| 다 개 | 말미암을 유 | 없을 무 | 비로소 시 | 탐낼 탐 | 성낼 진 | 어리석을 치 | |
| 從 | 身 | 語 | 意 | 之 | 所 | 生 | 이니 |
| 좇을 종 | 몸 신 | 말씀 어 | 뜻 의 | 어조사 지 | 바 소 | 날 생 | |

지난 세상
내가 지은 모든 악업은
성 잘 내고 욕심 많고
어리석은 탓

몸과 말과 뜻으로
지었사오니

| 一 | 切 | 我 | 今 | 皆 | 懺 | 悔 | 로다 |
|---|---|---|---|---|---|---|---|
| 한 **일** | 온통 **체** | 나 **아** | 이제 **금** | 다 **개** | 뉘우칠 **참** | 뉘우칠 **회** | |

내가 이제 속속들이
참회합니다.

## (5) 隨 喜 功 德

| | 隨 | 喜 | 功 | 德 |
|---|---|---|---|---|
| | 따를 **수** | 기쁠 **희** | 공 **공** | 덕 **덕** |

| 十 | 方 | 一 | 切 | 諸 | 衆 | 生 | 과 |
|---|---|---|---|---|---|---|---|
| 열 **십(시)** | 방위 **방** | 한 **일** | 온통 **체** | 모두 **제** | 무리 **중** | 날 **생** | |

시방세계 여러 종류
모든 중생과
성문, 연각, 배우는 이,
다 배운 이와

| 二 | 乘 | 有 | 學 | 及 | 無 | 學 | 과 |
|---|---|---|---|---|---|---|---|
| 두 **이** | 탈 **승** | 있을 **유** | 배울 **학** | 및 **급** | 없을 **무** | 배울 **학** | |

| 一 | 切 | 如 | 來 | 與 | 菩 | 薩 | 의 |
|---|---|---|---|---|---|---|---|
| 한 **일** | 온통 **체** | 같을 **여** | 올 **래** | 더불어 **여** | 보리 **보** | 보살 **살** | |

모든 부처님과
보살들의 온갖 공덕을
지성으로 받들어서
기뻐합니다.

| 所 | 有 | 功 | 德 | 皆 | 隨 | 喜 | 로다 |
|---|---|---|---|---|---|---|---|
| 바 **소** | 있을 **유** | 공 **공** | 덕 **덕** | 다 **개** | 따를 **수** | 기쁠 **희** | |

## (6) 請 轉 法 輪

| | 請 | 轉 | 法 | 輪 |
|---|---|---|---|---|
| | 청할 **청** | 구를 **전** | 법 **법** | 바퀴 **륜** |

| 十 | 方 | 所 | 有 | 世 | 間 | 燈 | 의 |
|---|---|---|---|---|---|---|---|
| 열 십(시) | 방위 방 | 바 소 | 있을 유 | 세상 세 | 사이 간 | 등불 등 | |
| 最 | 初 | 成 | 就 | 菩 | 提 | 者 | 에 |
| 가장 최 | 처음 초 | 이룰 성 | 나아갈 취 | 보리 보 | 끌 제(리) | 사람 자 | |
| 我 | 今 | 一 | 切 | 皆 | 勸 | 請 | 하야 |
| 나 아 | 이제 금 | 한 일 | 온통 체 | 다 개 | 권할 권 | 청할 청 | |
| 轉 | 於 | 無 | 上 | 妙 | 法 | 輪 | 이로다 |
| 구를 전 | 어조사 어 | 없을 무 | 위 상 | 묘할 묘 | 법 법 | 바퀴 륜 | |

시방의 모든 세간
비추시는 등불로
큰 보리 맨 처음
이루신 이에게

더없이 묘한 법을
설하시라고
내가 지금 지성으로
권청합니다.

| (7) | 請 | 佛 | 住 | 世 | | | |
|---|---|---|---|---|---|---|---|
| | 청할 청 | 부처 불 | 살 주 | 세상 세 | | | |
| 諸 | 佛 | 若 | 欲 | 示 | 涅 | 槃 | 에 |
| 모두 제 | 부처 불 | 만약 약 | 하고자할 욕 | 보일 시 | 개흙 열 | 쟁반 반 | |
| 我 | 悉 | 至 | 誠 | 而 | 勸 | 請 | 호대 |
| 나 아 | 다 실 | 이를 지 | 정성 성 | 말 이을 이 | 권할 권 | 청할 청 | |
| 惟 | 願 | 久 | 住 | 刹 | 塵 | 劫 | 하사 |
| 생각할 유 | 원할 원 | 오랠 구 | 살 주 | 절 찰 | 티끌 진 | 겁 겁 | |

모든 부처님이
열반에 드시려 할 때
이 세상에 오래오래
머무시어서

모든 중생 건지셔서
즐겁게 하길

| 利 | 樂 | 一 | 切 | 諸 | 衆 | 生 | 이로다 | 내가 모두 |
|---|---|---|---|---|---|---|---|---|
| 이로울 이 | 즐길 락 | 한 일 | 온통 체 | 모두 제 | 무리 중 | 날 생 | | 지성으로 권청합니다. |

**(8)**

| 普 | 皆 | 廻 | 向 | | | | | |
|---|---|---|---|---|---|---|---|---|
| 넓을 보 | 다 개 | 돌 회 | 향할 향 | | | | | |
| 所 | 有 | 禮 | 讚 | 供 | 養 | 佛 | 과 | 부처님께 예경하고 |
| 바 소 | 있을 유 | 예도 예 | 기릴 찬 | 이바지할 공 | 기를 양 | 부처 불 | | 찬탄하고 공양함과 |
| 請 | 佛 | 住 | 世 | 轉 | 法 | 輪 | 과 | 오래 계셔서 법문하심을 |
| 청할 청 | 부처 불 | 살 주 | 세상 세 | 구를 전 | 법 법 | 바퀴 륜 | | 청하는 복과 |
| 隨 | 喜 | 懺 | 悔 | 諸 | 善 | 根 | 을 | 따라서 기뻐하고 |
| 따를 수 | 기쁠 희 | 뉘우칠 참 | 뉘우칠 회 | 모두 제 | 착할 선 | 뿌리 근 | | 참회한 선근을 |
| 廻 | 向 | 衆 | 生 | 及 | 佛 | 道 | 로다 | 중생들과 불도에 |
| 돌 회 | 향할 향 | 무리 중 | 날 생 | 및 급 | 부처 불 | 길 도 | | 회향합니다. |

**(9)**

| 常 | 隨 | 佛 | 學 | | | | | |
|---|---|---|---|---|---|---|---|---|
| 항상 상 | 따를 수 | 부처 불 | 배울 학 | | | | | |

| 我 | 隨 | 一 | 切 | 如 | 來 | 學 | 하야 |
|---|---|---|---|---|---|---|---|
| 나 아 | 따를 수 | 한 일 | 온통 체 | 같을 여 | 올 래 | 배울 학 | |
| 修 | 習 | 普 | 賢 | 圓 | 滿 | 行 | 호대 |
| 닦을 수 | 익힐 습 | 넓을 보 | 어질 현 | 둥글 원 | 찰 만 | 행할 행 | |

내가 여러 부처님을
따라 배우고
보현보살 원만한 행을
닦아 익혀서

| 供 | 養 | 過 | 去 | 諸 | 如 | 來 | 와 |
|---|---|---|---|---|---|---|---|
| 이바지할 공 | 기를 양 | 지날 과 | 갈 거 | 모두 제 | 같을 여 | 올 래 | |
| 及 | 與 | 現 | 在 | 十 | 方 | 佛 | 과 |
| 및 급 | 더불어 여 | 지금 현 | 있을 재 | 열 십(시) | 방위 방 | 부처 불 | |

지난 세상 시방세계
부처님들과
지금 계신 시방세계
부처님께 공양하오며

| 未 | 來 | 一 | 切 | 天 | 人 | 師 | 하야 |
|---|---|---|---|---|---|---|---|
| 아닐 미 | 올 래 | 한 일 | 온통 체 | 하늘 천 | 사람 인 | 스승 사 | |
| 一 | 切 | 意 | 樂 | 皆 | 圓 | 滿 | 이니 |
| 한 일 | 온통 체 | 뜻 의 | 즐길 락 | 다 개 | 둥글 원 | 찰 만 | |

미래 일체 스승들께
모두 다 같이
여러 가지 즐거움이
원만하도록

| 我 | 願 | 普 | 隨 | 三 | 世 | 學 | 하야 |
|---|---|---|---|---|---|---|---|
| 나 아 | 원할 원 | 넓을 보 | 따를 수 | 석 삼 | 세상 세 | 배울 학 | |
| 速 | 得 | 成 | 就 | 大 | 菩 | 提 | 로다 |
| 빠를 속 | 얻을 득 | 이룰 성 | 나아갈 취 | 큰 대 | 보리 보 | 끝 제(리) | |

삼세의 부처님을
따라 배워서
큰 보리 성취하기
원하옵니다.

| (10) | 恒 | 順 | 衆 | 生 | | | | |
|---|---|---|---|---|---|---|---|---|
| | 항상 **항** | 순할 **순** | 무리 **중** | 날 **생** | | | | |

| 所 | 有 | 十 | 方 | 一 | 切 | 刹 | 의 |
|---|---|---|---|---|---|---|---|
| 바 **소** | 있을 **유** | 열 **십(시)** | 방위 **방** | 한 **일** | 온통 **체** | 절 **찰** | |

끝없는 시방법계
모든 세계를
웅장하고 청정하게
장엄하옵고

| 廣 | 大 | 淸 | 淨 | 妙 | 莊 | 嚴 | 에 |
|---|---|---|---|---|---|---|---|
| 넓을 **광** | 큰 **대** | 맑을 **청** | 깨끗할 **정** | 묘할 **묘** | 꾸밀 **장** | 엄할 **엄** | |

| 衆 | 會 | 圍 | 繞 | 諸 | 如 | 來 | |
|---|---|---|---|---|---|---|---|
| 무리 **중** | 모일 **회** | 에워쌀 **위** | 두를 **요** | 모두 **제** | 같을 **여** | 올 **래** | |

부처님을 대중들이
둘러 모시어
보리수나무 아래
앉아 계시니

| 悉 | 在 | 菩 | 提 | 樹 | 王 | 下 | 하시며 |
|---|---|---|---|---|---|---|---|
| 다 **실** | 있을 **재** | 보리 **보** | 끌 **제(리)** | 나무 **수** | 임금 **왕** | 아래 **하** | |

| 十 | 方 | 所 | 有 | 諸 | 衆 | 生 | 을 |
|---|---|---|---|---|---|---|---|
| 열 **십(시)** | 방위 **방** | 바 **소** | 있을 **유** | 모두 **제** | 무리 **중** | 날 **생** | |

시방세계 살고 있는
모든 중생들
근심 걱정 여의어서
항상 즐겁고

| 願 | 離 | 憂 | 患 | 常 | 安 | 樂 | 하야 |
|---|---|---|---|---|---|---|---|
| 원할 **원** | 떠날 **리** | 근심 **우** | 근심 **환** | 항상 **상** | 편안 **안** | 즐길 **락** | |

| 獲 | 得 | 甚 | 深 | 正 | 法 | 利 | 하야 |
|---|---|---|---|---|---|---|---|
| 얻을 **획** | 얻을 **득** | 심할 **심** | 깊을 **심** | 바를 **정** | 법 **법** | 이로울 **리** | |

깊고 깊은 바른 법의
이익을 얻어
온갖 번뇌 다 없기를
원하옵니다.

| 滅 | 除 | 煩 | 惱 | 盡 | 無 | 餘 | 로다 |
|---|---|---|---|---|---|---|---|
| 멸할 **멸** | 덜 **제** | 번거로울 **번** | 번뇌할 **뇌** | 다할 **진** | 없을 **무** | 남을 **여** | |

(11) 受 持 願

| 受 | 持 | 願 | | | | | |
|---|---|---|---|---|---|---|---|
| 받을 **수** | 가질 **지** | 원할 **원** | | | | | |

| 我 | 爲 | 菩 | 提 | 修 | 行 | 時 | 에 |
|---|---|---|---|---|---|---|---|
| 나 **아** | 위할 **위** | 보리 **보** | 끌 **제(리)** | 닦을 **수** | 행할 **행** | 때 **시** | |

내가 보리 얻으려고
수행할 때에
모든 갈래 간 데마다
숙명통 얻고

| 一 | 切 | 趣 | 中 | 成 | 宿 | 命 | 하고 |
|---|---|---|---|---|---|---|---|
| 한 **일** | 온통 **체** | 갈래 **취** | 가운데 **중** | 이룰 **성** | 잘 **숙** | 목숨 **명** | |

| 常 | 得 | 出 | 家 | 修 | 淨 | 戒 | 하야 |
|---|---|---|---|---|---|---|---|
| 항상 **상** | 얻을 **득** | 날 **출** | 집 **가** | 닦을 **수** | 깨끗할 **정** | 경계할 **계** | |

출가하여 모든 계행
깨끗이 닦아
때 안 묻고 범하지 않고
새지 않으며

| 無 | 垢 | 無 | 破 | 無 | 穿 | 漏 | 하며 |
|---|---|---|---|---|---|---|---|
| 없을 **무** | 때 **구** | 없을 **무** | 깨뜨릴 **파** | 없을 **무** | 뚫을 **천** | 샐 **루** | |

| 天 | 龍 | 夜 | 叉 | 鳩 | 槃 | 茶 | 와 |
|---|---|---|---|---|---|---|---|
| 하늘 **천** | 용 **룡** | 밤 **야** | 갈래 **차** | 비둘기 **구** | 쟁반 **반** | 차 **다** | |

천신과 용왕과
야차와 구반다들과
사람인 듯
아닌 듯한 것들

| 乃 | 至 | 人 | 與 | 非 | 人 | 等 | 의 |
|---|---|---|---|---|---|---|---|
| 이에 **내** | 이를 **지** | 사람 **인** | 더불어 **여** | 아닐 **비** | 사람 **인** | 무리 **등** | |

| 所 | 有 | 一 | 切 | 衆 | 生 | 語 | 를 |
|---|---|---|---|---|---|---|---|
| 바 **소** | 있을 **유** | 한 **일** | 온통 **체** | 무리 **중** | 날 **생** | 말씀 **어** | |

그 모든 중생들이
쓰고 있는 말
가지각색 음성으로
설법하였네.

| 悉 | 以 | 諸 | 音 | 而 | 說 | 法 | 이로다 |
|---|---|---|---|---|---|---|---|
| 다 **실** | 써 **이** | 모두 **제** | 소리 **음** | 말 이을 **이** | 말씀 **설** | 법 **법** | |

| (12) | 修 | 行 | 二 | 利 | 願 | | |
|---|---|---|---|---|---|---|---|
| | 닦을 **수** | 행할 **행** | 두 **이** | 이로울 **리** | 원할 **원** | | |
| 勤 | 修 | 淸 | 淨 | 波 | 羅 | 蜜 | 하며 |
| 부지런할 **근** | 닦을 **수** | 맑을 **청** | 깨끗할 **정** | 물결 **파(바)** | 그물 **라** | 꿀 **밀** | |
| 恒 | 不 | 忘 | 失 | 菩 | 提 | 心 | 하야 |
| 항상 **항** | 아닐 **불** | 잊을 **망** | 잃을 **실** | 보리 **보** | 끌 **제(리)** | 마음 **심** | |
| 滅 | 除 | 障 | 垢 | 無 | 有 | 餘 | 하야 |
| 멸할 **멸** | 덜 **제** | 막을 **장** | 때 **구** | 없을 **무** | 있을 **유** | 남을 **여** | |
| 一 | 切 | 妙 | 行 | 皆 | 成 | 就 | 하고 |
| 한 **일** | 온통 **체** | 묘할 **묘** | 행할 **행** | 다 **개** | 이룰 **성** | 나아갈 **취** | |
| 於 | 諸 | 惑 | 業 | 及 | 魔 | 境 | 과 |
| 어조사 **어** | 모두 **제** | 미혹할 **혹** | 업 **업** | 및 **급** | 마귀 **마** | 경계 **경** | |
| 世 | 間 | 道 | 中 | 得 | 解 | 脫 | 하야 |
| 세상 **세** | 사이 **간** | 길 **도** | 가운데 **중** | 얻을 **득** | 풀 **해** | 벗을 **탈** | |
| 猶 | 如 | 蓮 | 華 | 不 | 着 | 水 | 하며 |
| 오히려 **유** | 같을 **여** | 연꽃 **연** | 꽃 **화** | 아닐 **불** | 붙을 **착** | 물 **수** | |
| 亦 | 如 | 日 | 月 | 不 | 住 | 空 | 이로다 |
| 또 **역** | 같을 **여** | 해 **일** | 달 **월** | 아닐 **부** | 살 **주** | 빌 **공** | |

청정한 바라밀다
꾸준히 닦아
어느 때나 보리심을
잊지 않았고

번뇌 업장 남김없이
소멸하고서
여러 가지 묘한 행을
모두 이루며

모든 번뇌 모든 업과
마군의 경계
이 세간 온갖 일에
해탈 얻으니

연꽃 잎에 물방울이
묻지 않듯이
해와 달이 허공을
지나가듯 하네.

| (13) | 成 | 熟 | 衆 | 生 | 行 | 願 | | |
|------|-----|-----|-----|-----|-----|-----|---|---|
| | 이룰 **성** | 익을 **숙** | 무리 **중** | 날 **생** | 행할 **행** | 원할 **원** | | |
| 悉 | 除 | 一 | 切 | 惡 | 道 | 苦 | 하고 | 일체의 악도 온갖 고통 모두 없애고 중생들에게 평등하게 즐거움을 주어 |
| 다 **실** | 덜 **제** | 한 **일** | 온통 **체** | 악할 **악** | 길 **도** | 괴로울 **고** | | |
| 等 | 與 | 一 | 切 | 群 | 生 | 樂 | 호대 | |
| 같을 **등** | 줄 **여** | 한 **일** | 온통 **체** | 무리 **군** | 날 **생** | 즐길 **락** | | |
| 如 | 是 | 經 | 於 | 刹 | 塵 | 劫 | 토록 | 이와 같이 먼지 수의 겁을 지나며 시방중생 이익하게 하는 일 다함이 없네. |
| 같을 **여** | 이 **시** | 지날 **경** | 어조사 **어** | 절 **찰** | 티끌 **진** | 겁 **겁** | | |
| 十 | 方 | 利 | 益 | 恒 | 無 | 盡 | 하며 | |
| 열 **십(시)** | 방위 **방** | 이로울 **이** | 더할 **익** | 항상 **항** | 없을 **무** | 다할 **진** | | |
| 我 | 常 | 隨 | 順 | 諸 | 衆 | 生 | 하야 | 내 항상 중생들을 수순하리니 오는 세상 모든 겁이 끝날 때까지 |
| 나 **아** | 항상 **상** | 따를 **수** | 순할 **순** | 모두 **제** | 무리 **중** | 날 **생** | | |
| 盡 | 於 | 未 | 來 | 一 | 切 | 劫 | 토록 | |
| 다할 **진** | 어조사 **어** | 아닐 **미** | 올 **래** | 한 **일** | 온통 **체** | 겁 **겁** | | |
| 恒 | 修 | 普 | 賢 | 廣 | 大 | 行 | 하야 | 보현보살 넓고 큰 행을 닦아서 가장 높은 보리도를 원만하리라. |
| 항상 **항** | 닦을 **수** | 넓을 **보** | 어질 **현** | 넓을 **광** | 큰 **대** | 행할 **행** | | |
| 圓 | 滿 | 無 | 上 | 大 | 菩 | 提 | 로다 | |
| 둥글 **원** | 찰 **만** | 없을 **무** | 위 **상** | 큰 **대** | 보리 **보** | 끌 **제(리)** | | |

| (14) | 不 | 離 | 願 | | | | | |
|---|---|---|---|---|---|---|---|---|
| | 아닐 **불** | 떠날 **리** | 원할 **원** | | | | | |
| 所 | 有 | 與 | 我 | 同 | 行 | 者 | 가 | |
| 바 **소** | 있을 **유** | 더불어 **여** | 나 **아** | 한가지 **동** | 행할 **행** | 사람 **자** | | |
| 於 | 一 | 切 | 處 | 同 | 集 | 會 | 하야 | |
| 어조사 **어** | 한 **일** | 온통 **체** | 곳 **처** | 한가지 **동** | 모을 **집** | 모일 **회** | | |
| 身 | 口 | 意 | 業 | 皆 | 同 | 等 | 하야 | |
| 몸 **신** | 입 **구** | 뜻 **의** | 업 **업** | 다 **개** | 한가지 **동** | 같을 **등** | | |
| 一 | 切 | 行 | 願 | 同 | 修 | 學 | 하며 | |
| 한 **일** | 온통 **체** | 행할 **행** | 원할 **원** | 한가지 **동** | 닦을 **수** | 배울 **학** | | |
| 所 | 有 | 益 | 我 | 善 | 知 | 識 | 이 | |
| 바 **소** | 있을 **유** | 더할 **익** | 나 **아** | 착할 **선** | 알 **지** | 알 **식** | | |
| 爲 | 我 | 顯 | 示 | 普 | 賢 | 行 | 하고 | |
| 위할 **위** | 나 **아** | 나타날 **현** | 보일 **시** | 넓을 **보** | 어질 **현** | 행할 **행** | | |
| 常 | 願 | 與 | 我 | 同 | 集 | 會 | 하야 | |
| 항상 **상** | 원할 **원** | 더불어 **여** | 나 **아** | 한가지 **동** | 모을 **집** | 모일 **회** | | |
| 於 | 我 | 常 | 生 | 歡 | 喜 | 心 | 이로다 | |
| 어조사 **어** | 나 **아** | 항상 **상** | 날 **생** | 기쁠 **환** | 기쁠 **희** | 마음 **심** | | |

나와 함께 보현행을
닦은 도반들
날 적마다 여러 곳에
함께 모이어

몸과 말과 뜻으로
하는 일이 같고
모든 수행 모든 서원
같이 닦으며

나의 일을 도와주는
선지식들도
보현보살 좋은 행을
가르쳐 주고

항상 나와 함께 모여
우리들에게
환희심을 내게 하길
원하옵니다.

| (15) | 供 | 養 | 願 | | | | |
|---|---|---|---|---|---|---|---|
| | 이바지할 **공** | 기를 **양** | 원할 **원** | | | | |

| 願 | 常 | 面 | 見 | 諸 | 如 | 來 | 와 |
|---|---|---|---|---|---|---|---|
| 원할 **원** | 항상 **상** | 낯 **면** | 볼 **견** | 모두 **제** | 같을 **여** | 올 **래** | |
| 及 | 諸 | 佛 | 子 | 衆 | 圍 | 繞 | 하고 |
| 및 **급** | 모두 **제** | 부처 **불** | 아들 **자** | 무리 **중** | 에워쌀 **위** | 두를 **요** | |
| 於 | 彼 | 皆 | 興 | 廣 | 大 | 供 | 하야 |
| 어조사 **어** | 저 **피** | 다 **개** | 일 **흥** | 넓을 **광** | 큰 **대** | 이바지할 **공** | |
| 盡 | 未 | 來 | 劫 | 無 | 疲 | 厭 | 하며 |
| 다할 **진** | 아닐 **미** | 올 **래** | 겁 **겁** | 없을 **무** | 피곤할 **피** | 싫어할 **염** | |
| 願 | 持 | 諸 | 佛 | 微 | 妙 | 法 | 하야 |
| 원할 **원** | 가질 **지** | 모두 **제** | 부처 **불** | 작을 **미** | 묘할 **묘** | 법 **법** | |
| 光 | 顯 | 一 | 切 | 菩 | 提 | 行 | 하고 |
| 빛 **광** | 나타날 **현** | 한 **일** | 온통 **체** | 보리 **보** | 끌 **제(리)** | 행할 **행** | |
| 究 | 竟 | 淸 | 淨 | 普 | 賢 | 道 | 하야 |
| 궁구할 **구** | 다할 **경** | 맑을 **청** | 깨끗할 **정** | 넓을 **보** | 어질 **현** | 길 **도** | |
| 盡 | 未 | 來 | 劫 | 常 | 修 | 習 | 이로다 |
| 다할 **진** | 아닐 **미** | 올 **래** | 겁 **겁** | 항상 **상** | 닦을 **수** | 익힐 **습** | |

바라건대 부처님을
친견할 때에
보살 대중 모여 앉아
모시었거든

푸짐하고 좋은 공양
차려 올리며
오는 세상 끝나도록
지칠 줄 몰라

부처님의 묘한 법을
받아 지니고
가지가지 보리행을
빛나게 하며

청정한 보현의 도
철저히 닦아
오는 세상 끝나도록
수행하기 원합니다.

(16) 利 益 願

이로울 **이** | 더할 **익** | 원할 **원**

| 我 | 於 | 一 | 切 | 諸 | 有 | 中 | 에 | 시방세계 모든 곳에 |
| 나 **아** | 어조사 **어** | 한 **일** | 온통 **체** | 모두 **제** | 있을 **유** | 가운데 **중** | | 두루 다니며 |
| 所 | 修 | 福 | 智 | 恒 | 無 | 盡 | 하야 | 닦아 얻은 복과 지혜 |
| 바 **소** | 닦을 **수** | 복 **복** | 슬기 **지** | 항상 **항** | 없을 **무** | 다할 **진** | | 다함이 없고 |
| 定 | 慧 | 方 | 便 | 及 | 解 | 脫 | 에 | 선정 지혜 방편과 |
| 정할 **정** | 슬기로울 **혜** | 처방 **방** | 편할 **편** | 및 **급** | 풀 **해** | 벗을 **탈** | | 해탈 법으로 |
| 獲 | 諸 | 無 | 盡 | 功 | 德 | 藏 | 하며 | 그지없는 공덕장을 |
| 얻을 **획** | 모두 **제** | 없을 **무** | 다할 **진** | 공 **공** | 덕 **덕** | 감출 **장** | | 얻었사오며 |
| 一 | 塵 | 中 | 有 | 塵 | 數 | 刹 | 하고 | 한 먼지에 먼지 수의 |
| 한 **일** | 티끌 **진** | 가운데 **중** | 있을 **유** | 티끌 **진** | 셈 **수** | 절 **찰** | | 세계가 있고 |
| 一 | 一 | 刹 | 有 | 難 | 思 | 佛 | 이어든 | 세계마다 한량없는 |
| 한 **일** | 한 **일** | 절 **찰** | 있을 **유** | 어려울 **난** | 생각 **사** | 부처 **불** | | 부처님들이 |
| 一 | 一 | 佛 | 處 | 衆 | 會 | 中 | 에 | 간 곳마다 여러 대중 |
| 한 **일** | 한 **일** | 부처 **불** | 곳 **처** | 무리 **중** | 모일 **회** | 가운데 **중** | | 모인 속에서 |
| 我 | 見 | 恒 | 演 | 菩 | 提 | 行 | 이로다 | 보리행을 연설하심 |
| 나 **아** | 볼 **견** | 항상 **항** | 펼 **연** | 보리 **보** | 끝 **제(리)** | 행할 **행** | | 내 항상 뵙습니다. |

## (17) 轉法輪願

| 轉 | 法 | 輪 | 願 | | | | |
|---|---|---|---|---|---|---|---|
| 구를 **전** | 법 **법** | 바퀴 **륜** | 원할 **원** | | | | |

| 普 | 盡 | 十 | 方 | 諸 | 刹 | 海 | 와 |
|---|---|---|---|---|---|---|---|
| 넓을 **보** | 다할 **진** | 열 **십(시)** | 방위 **방** | 모두 **제** | 절 **찰** | 바다 **해** | |

끝없는 시방세계
법계 바다에
털끝만 한 곳곳마다
삼세의 바다

| 一 | 一 | 毛 | 端 | 三 | 世 | 海 | 와 |
|---|---|---|---|---|---|---|---|
| 한 **일** | 한 **일** | 털 **모** | 끝 **단** | 석 **삼** | 세상 **세** | 바다 **해** | |

| 佛 | 海 | 及 | 與 | 國 | 土 | 海 | 하야 |
|---|---|---|---|---|---|---|---|
| 부처 **불** | 바다 **해** | 및 **급** | 더불어 **여** | 나라 **국** | 흙 **토** | 바다 **해** | |

한량없는 부처님과
많은 국토에
내가 두루 수행하기
여러 겁일세.

| 我 | 徧 | 修 | 行 | 經 | 劫 | 海 | 로다 |
|---|---|---|---|---|---|---|---|
| 나 **아** | 두루 **변** | 닦을 **수** | 행할 **행** | 지날 **경** | 겁 **겁** | 바다 **해** | |

| 一 | 切 | 如 | 來 | 語 | 清 | 淨 | 하사 |
|---|---|---|---|---|---|---|---|
| 한 **일** | 온통 **체** | 같을 **여** | 올 **래** | 말씀 **어** | 맑을 **청** | 깨끗할 **정** | |

부처님의 말씀은
훌륭하셔라.
한 말씀에 여러 가지
음성 갖추고

| 一 | 言 | 具 | 衆 | 音 | 聲 | 海 | 하야 |
|---|---|---|---|---|---|---|---|
| 한 **일** | 말씀 **언** | 갖출 **구** | 무리 **중** | 소리 **음** | 소리 **성** | 바다 **해** | |

| 隨 | 諸 | 衆 | 生 | 意 | 樂 | 音 | 하야 |
|---|---|---|---|---|---|---|---|
| 따를 **수** | 모두 **제** | 무리 **중** | 날 **생** | 뜻 **의** | 즐길 **락** | 소리 **음** | |

중생들이 좋아하는
음성을 따라
음성마다 부처님의
변재를 펴네.

| 一 | 一 | 流 | 佛 | 辯 | 才 | 海 | 하며 |
|---|---|---|---|---|---|---|---|
| 한 **일** | 한 **일** | 흐를 **유** | 부처 **불** | 말씀 **변** | 재주 **재** | 바다 **해** | |

| 三 | 世 | 一 | 切 | 諸 | 如 | 來 | 가 |
|---|---|---|---|---|---|---|---|
| 석 **삼** | 세상 **세** | 한 **일** | 온통 **체** | 모두 **제** | 같을 **여** | 올 **래** | |
| 於 | 彼 | 無 | 盡 | 語 | 言 | 海 | 로 |
| 어조사 **어** | 저 **피** | 없을 **무** | 다할 **진** | 말씀 **어** | 말씀 **언** | 바다 **해** | |
| 恒 | 轉 | 理 | 趣 | 妙 | 法 | 輪 | 이어든 |
| 항상 **항** | 구를 **전** | 이치 **이** | 뜻 **취** | 묘할 **묘** | 법 **법** | 바퀴 **륜** | |
| 我 | 深 | 智 | 力 | 普 | 能 | 入 | 이로다 |
| 나 **아** | 깊을 **심** | 슬기 **지** | 힘 **력** | 넓을 **보** | 능할 **능** | 들 **입** | |

삼세의 일체 모든
부처님께서
그와 같은 그지없는
말씀 바다로

깊은 이치 묘한 법문
연설하시니
나의 깊은 지혜로
들어가리라.

| (18) | 淨 | 土 | 願 | | | | |
|---|---|---|---|---|---|---|---|
| | 깨끗할 **정** | 흙 **토** | 원할 **원** | | | | |
| 我 | 能 | 深 | 入 | 於 | 未 | 來 | 하야 |
| 나 **아** | 능할 **능** | 깊을 **심** | 들 **입** | 어조사 **어** | 아닐 **미** | 올 **래** | |
| 盡 | 一 | 切 | 劫 | 爲 | 一 | 念 | 하고 |
| 다할 **진** | 한 **일** | 온통 **체** | 겁 **겁** | 될 **위** | 한 **일** | 생각 **념** | |
| 三 | 世 | 所 | 有 | 一 | 切 | 劫 | <u>으로</u> |
| 석 **삼** | 세상 **세** | 바 **소** | 있을 **유** | 한 **일** | 온통 **체** | 겁 **겁** | |

내가 능히 미래세에
들어가서는
일체의 모든 겁을
일념으로 만들고

과거 현재 미래
일체의 겁을

| 爲 | 一 | 念 | 際 | 我 | 皆 | 入 | 하며 |
|---|---|---|---|---|---|---|---|
| 될 위 | 한 일 | 생각 념 | 즈음 제 | 나 아 | 다 개 | 들 입 | |

일념으로 만든 데로
들어가리라.

| 我 | 於 | 一 | 念 | 見 | 三 | 世 | 의 |
|---|---|---|---|---|---|---|---|
| 나 아 | 어조사 어 | 한 일 | 생각 념 | 볼 견 | 석 삼 | 세상 세 | |

삼세의 한량없는
부처님들을
한 생각 속에서
모두 뵈옵고

| 所 | 有 | 一 | 切 | 人 | 獅 | 子 | 하고 |
|---|---|---|---|---|---|---|---|
| 바 소 | 있을 유 | 한 일 | 온통 체 | 사람 인 | 사자 사 | 아들 자 | |

| 亦 | 常 | 入 | 佛 | 境 | 界 | 中 | 의 |
|---|---|---|---|---|---|---|---|
| 또 역 | 항상 상 | 들 입 | 부처 불 | 경계 경 | 경계 계 | 가운데 중 | |

부처님의 경계 속에
늘 들어감은
환술 같은 해탈과
위신력일세.

| 如 | 幻 | 解 | 脫 | 及 | 威 | 力 | 이로다 |
|---|---|---|---|---|---|---|---|
| 같을 여 | 헛보일 환 | 풀 해 | 벗을 탈 | 및 급 | 위엄 위 | 힘 력 | |

| (19) | 承 | 事 | 願 |
|---|---|---|---|
| | 이을 승 | 섬길 사 | 원할 원 |

| 於 | 一 | 毛 | 端 | 極 | 微 | 中 | 에 |
|---|---|---|---|---|---|---|---|
| 어조사 어 | 한 일 | 털 모 | 끝 단 | 극진할 극 | 작을 미 | 가운데 중 | |

한 터럭 끝과 같은
아주 작은 것 속에
과거 현재 미래의
장엄한 세계가 나타나며

| 出 | 現 | 三 | 世 | 莊 | 嚴 | 刹 | 하고 |
|---|---|---|---|---|---|---|---|
| 날 출 | 나타날 현 | 석 삼 | 세상 세 | 꾸밀 장 | 엄할 엄 | 절 찰 | |

| 十 | 方 | 塵 | 刹 | 諸 | 毛 | 端 | 에 |
|---|---|---|---|---|---|---|---|
| 열 십(시) | 방위 방 | 티끌 진 | 절 찰 | 모두 제 | 털 모 | 끝 단 | |

시방의 먼지같이 많은 세계의
터럭 끝마다
내 모두 깊이 들어가
장엄하리라.

| 我 | 皆 | 深 | 入 | 而 | 嚴 | 淨 | 하며 |
|---|---|---|---|---|---|---|---|
| 나 아 | 다 개 | 깊을 심 | 들 입 | 말 이을 이 | 엄할 엄 | 깨끗할 정 | |

| 所 | 有 | 未 | 來 | 照 | 世 | 燈 | 이 |
|---|---|---|---|---|---|---|---|
| 바 소 | 있을 유 | 아닐 미 | 올 래 | 비칠 조 | 세상 세 | 등불 등 | |

미래세의 세상 비출
밝은 등불들
성도하고 법륜 굴려
중생 건지고

| 成 | 道 | 轉 | 法 | 悟 | 群 | 有 | 하사 |
|---|---|---|---|---|---|---|---|
| 이룰 성 | 길 도 | 구를 전 | 법 법 | 깨달을 오 | 무리 군 | 있을 유 | |

| 究 | 竟 | 佛 | 事 | 示 | 涅 | 槃 | 이어든 |
|---|---|---|---|---|---|---|---|
| 궁구할 구 | 다할 경 | 부처 불 | 일 사 | 보일 시 | 개흙 열 | 쟁반 반 | |

온갖 불사 성취하고
열반에 드시리니
내가 두루 나아가서
친히 모시리라.

| 我 | 皆 | 往 | 詣 | 而 | 親 | 近 | 이로다 |
|---|---|---|---|---|---|---|---|
| 나 아 | 다 개 | 갈 왕 | 이를 예 | 말 이을 이 | 친할 친 | 가까울 근 | |

| (20) | 成 | 正 | 覺 | 願 | | | |
|---|---|---|---|---|---|---|---|
| | 이룰 성 | 바를 정 | 깨달을 각 | 원할 원 | | | |

| 速 | 疾 | 周 | 徧 | 神 | 通 | 力 | 과 |
|---|---|---|---|---|---|---|---|
| 빠를 속 | 빠를 질 | 두루 주 | 두루 변 | 신통할 신 | 통할 통 | 힘 력 | |

재빠르게 두루 미치는
신통의 힘과

| 普 | 門 | 徧 | 入 | 大 | 乘 | 力 | 과 |
|---|---|---|---|---|---|---|---|
| 넓을 보 | 문 문 | 두루 변 | 들 입 | 큰 대 | 탈 승 | 힘 력 | |

넓은 문에 두루 들어가는
대승의 힘과

| 智 | 行 | 普 | 修 | 功 | 德 | 力 | 과 |
|---|---|---|---|---|---|---|---|
| 슬기 지 | 행할 행 | 넓을 보 | 닦을 수 | 공 공 | 덕 덕 | 힘 력 | |

지혜와 행을 널리 닦은
공덕의 힘과
위신력으로 덮어 주는
큰 자비의 힘과

| 威 | 神 | 普 | 覆 | 大 | 慈 | 力 | 과 |
|---|---|---|---|---|---|---|---|
| 위엄 위 | 신통할 신 | 넓을 보 | 덮을 부 | 큰 대 | 사랑 자 | 힘 력 | |

| 徧 | 淨 | 莊 | 嚴 | 勝 | 福 | 力 | 과 |
|---|---|---|---|---|---|---|---|
| 두루 변 | 깨끗할 정 | 꾸밀 장 | 엄할 엄 | 수승할 승 | 복 복 | 힘 력 | |

청정하게 두루 장엄한
수승한 복덕의 힘과
집착도 없고 의지함도 없는
지혜의 힘과

| 無 | 着 | 無 | 依 | 智 | 慧 | 力 | 과 |
|---|---|---|---|---|---|---|---|
| 없을 무 | 붙을 착 | 없을 무 | 의지할 의 | 슬기 지 | 슬기로울 혜 | 힘 력 | |

| 定 | 慧 | 方 | 便 | 諸 | 威 | 力 | 과 |
|---|---|---|---|---|---|---|---|
| 정할 정 | 슬기로울 혜 | 처방 방 | 편할 편 | 모두 제 | 위엄 위 | 힘 력 | |

선정과 지혜와 방편의
온갖 위신력과
널리널리 쌓아 모은
보리의 힘과

| 普 | 能 | 積 | 集 | 菩 | 提 | 力 | 과 |
|---|---|---|---|---|---|---|---|
| 넓을 보 | 능할 능 | 쌓을 적 | 모을 집 | 보리 보 | 끌 제(리) | 힘 력 | |

| 清 | 淨 | 一 | 切 | 善 | 業 | 力 | 과 |
|---|---|---|---|---|---|---|---|
| 맑을 청 | 깨끗할 정 | 한 일 | 온통 체 | 착할 선 | 업 업 | 힘 력 | |

일체 공덕 완성한
선업의 힘과
온갖 번뇌 물리쳐서
소멸한 힘과

| 摧 | 滅 | 一 | 切 | 煩 | 惱 | 力 | 과 |
|---|---|---|---|---|---|---|---|
| 꺾을 최 | 멸할 멸 | 한 일 | 온통 체 | 번거로울 번 | 번뇌할 뇌 | 힘 력 | |

| 降 | 伏 | 一 | 切 | 諸 | 魔 | 力 | 과 |
|---|---|---|---|---|---|---|---|
| 항복할 **항** | 엎드릴 **복** | 한 **일** | 온통 **체** | 모두 **제** | 마귀 **마** | 힘 **력** | |
| 圓 | 滿 | 普 | 賢 | 諸 | 行 | 力 | 으로 |
| 둥글 **원** | 찰 **만** | 넓을 **보** | 어질 **현** | 모두 **제** | 행할 **행** | 힘 **력** | |

모든 마군 항복받는
거룩한 힘과
보현행을 원만하게
닦은 힘으로

| (21) | 總 | 結 | 大 | 願 | | | | |
|---|---|---|---|---|---|---|---|---|
| | 다 **총** | 맺을 **결** | 큰 **대** | 원할 **원** | | | | |
| 普 | 能 | 嚴 | 淨 | 諸 | 刹 | 海 | 하며 |
| 넓을 **보** | 능할 **능** | 엄할 **엄** | 깨끗할 **정** | 모두 **제** | 절 **찰** | 바다 **해** | |
| 解 | 脫 | 一 | 切 | 衆 | 生 | 海 | 하며 |
| 풀 **해** | 벗을 **탈** | 한 **일** | 온통 **체** | 무리 **중** | 날 **생** | 바다 **해** | |
| 善 | 能 | 分 | 別 | 諸 | 法 | 海 | 하며 |
| 착할 **선** | 능할 **능** | 나눌 **분** | 나눌 **별** | 모두 **제** | 법 **법** | 바다 **해** | |
| 能 | 甚 | 深 | 入 | 智 | 慧 | 海 | 하며 |
| 능할 **능** | 심할 **심** | 깊을 **심** | 들 **입** | 슬기 **지** | 슬기로울 **혜** | 바다 **해** | |
| 普 | 能 | 清 | 淨 | 諸 | 行 | 海 | 하며 |
| 넓을 **보** | 능할 **능** | 맑을 **청** | 깨끗할 **정** | 모두 **제** | 행할 **행** | 바다 **해** | |

모든 세계 곳곳마다
장엄도 하고
일체 모든 중생을
해탈케 하며

온갖 모든 법문을
분별 잘하여
지혜 바다 깊이깊이
들어가리라.

어디서나 모든 행을
깨끗이 닦고

| 圓 | 滿 | 一 | 切 | 諸 | 願 | 海 | 하며 |
|---|---|---|---|---|---|---|---|
| 둥글 원 | 찰 만 | 한 일 | 온통 체 | 모두 제 | 원할 원 | 바다 해 | |

가지가지 서원을
원만히 하며

| 親 | 近 | 供 | 養 | 諸 | 佛 | 海 | 하며 |
|---|---|---|---|---|---|---|---|
| 친할 친 | 가까울 근 | 이바지할 공 | 기를 양 | 모두 제 | 부처 불 | 바다 해 | |

부처님들 친근하고
공양하오며
오랜 겁을 부지런히
수행하리라.

| 修 | 行 | 無 | 倦 | 經 | 劫 | 海 | 하며 |
|---|---|---|---|---|---|---|---|
| 닦을 수 | 행할 행 | 없을 무 | 게으를 권 | 지날 경 | 겁 겁 | 바다 해 | |

| 三 | 世 | 一 | 切 | 諸 | 如 | 來 | 와 |
|---|---|---|---|---|---|---|---|
| 석 삼 | 세상 세 | 한 일 | 온통 체 | 모두 제 | 같을 여 | 올 래 | |

삼세의 한량없는
모든 부처님
가장 좋은 보리 위한
모든 행원을

| 最 | 勝 | 菩 | 提 | 諸 | 行 | 願 | 을 |
|---|---|---|---|---|---|---|---|
| 가장 최 | 수승할 승 | 보리 보 | 끝 제(리) | 모두 제 | 행할 행 | 원할 원 | |

| 我 | 皆 | 供 | 養 | 圓 | 滿 | 修 | 하야 |
|---|---|---|---|---|---|---|---|
| 나 아 | 다 개 | 이바지할 공 | 기를 양 | 둥글 원 | 찰 만 | 닦을 수 | |

내가 모두 공양하고
원만히 닦아
보현보살 행원으로
보리 이루리.

| 以 | 普 | 賢 | 行 | 悟 | 菩 | 提 | 로다 |
|---|---|---|---|---|---|---|---|
| 써 이 | 넓을 보 | 어질 현 | 행할 행 | 깨달을 오 | 보리 보 | 끝 제(리) | |

| (22) | 結 | 歸 | 普 | 賢 | | | |
|---|---|---|---|---|---|---|---|
| | 맺을 결 | 돌아갈 귀 | 넓을 보 | 어질 현 | | | |

| | | | | | | | |
|---|---|---|---|---|---|---|---|
| 一 | 切 | 如 | 來 | 有 | 長 | 子 | 하니 |
| 한 **일** | 온통 **체** | 같을 **여** | 올 **래** | 있을 **유** | 어른 **장** | 아들 **자** | |
| 彼 | 名 | 號 | 曰 | 普 | 賢 | 尊 | 이라 |
| 저 **피** | 이름 **명** | 이름 **호** | 가로 **왈** | 넓을 **보** | 어질 **현** | 높을 **존** | |
| 我 | 今 | 廻 | 向 | 諸 | 善 | 根 | 하야 |
| 나 **아** | 이제 **금** | 돌 **회** | 향할 **향** | 모두 **제** | 착할 **선** | 뿌리 **근** | |
| 願 | 諸 | 智 | 行 | 悉 | 同 | 彼 | 로다 |
| 원할 **원** | 모두 **제** | 슬기 **지** | 행할 **행** | 다 **실** | 한가지 **동** | 저 **피** | |
| 願 | 身 | 口 | 意 | 恒 | 清 | 淨 | 하며 |
| 원할 **원** | 몸 **신** | 입 **구** | 뜻 **의** | 항상 **항** | 맑을 **청** | 깨끗할 **정** | |
| 諸 | 行 | 刹 | 土 | 亦 | 復 | 然 | 이니 |
| 모두 **제** | 행할 **행** | 절 **찰** | 흙 **토** | 또 **역** | 다시 **부** | 그럴 **연** | |
| 如 | 是 | 智 | 慧 | 號 | 普 | 賢 | 이라 |
| 같을 **여** | 이 **시** | 슬기 **지** | 슬기로울 **혜** | 이름 **호** | 넓을 **보** | 어질 **현** | |
| 願 | 我 | 與 | 彼 | 皆 | 同 | 等 | 이로다 |
| 원할 **원** | 나 **아** | 더불어 **여** | 저 **피** | 다 **개** | 한가지 **동** | 같을 **등** | |

일체 여래에게 모두
장자가 있으니
그 이름 누구신가
보현보살님이라

내가 이제 모든 선근
회향하옵고
지혜와 실천이
그와 같아지기를 원하옵니다.

몸과 말과 마음까지
늘 청정하고
모든 행과 세계들도
그러함이니

이런 지혜 이름하여
보현이시니
저 보살과 같아지기
원하옵니다.

| (23) | 結 | 歸 | 文 | 殊 | | | | |
|---|---|---|---|---|---|---|---|---|
| | 맺을 **결** | 돌아갈 **귀** | 글월 **문** | 다를 **수** | | | | |
| 我 | 爲 | 徧 | 淨 | 普 | 賢 | 行 | | 과 |
| 나 **아** | 위할 **위** | 두루 **변** | 깨끗할 **정** | 넓을 **보** | 어질 **현** | 행할 **행** | | |
| 文 | 殊 | 師 | 利 | 諸 | 大 | 願 | | 하야 |
| 글월 **문** | 다를 **수** | 스승 **사** | 이로울 **리** | 모두 **제** | 큰 **대** | 원할 **원** | | |
| 滿 | 彼 | 事 | 業 | 盡 | 無 | 餘 | | 하야 |
| 찰 **만** | 저 **피** | 일 **사** | 업 **업** | 다할 **진** | 없을 **무** | 남을 **여** | | |
| 未 | 來 | 際 | 劫 | 恒 | 無 | 倦 | | 이로다 |
| 아닐 **미** | 올 **래** | 즈음 **제** | 겁 **겁** | 항상 **항** | 없을 **무** | 게으를 **권** | | |
| 我 | 所 | 修 | 行 | 無 | 有 | 量 | | 하야 |
| 나 **아** | 바 **소** | 닦을 **수** | 행할 **행** | 없을 **무** | 있을 **유** | 헤아릴 **량** | | |
| 獲 | 得 | 無 | 量 | 諸 | 功 | 德 | | 하며 |
| 얻을 **획** | 얻을 **득** | 없을 **무** | 헤아릴 **량** | 모두 **제** | 공 **공** | 덕 **덕** | | |
| 安 | 住 | 無 | 量 | 諸 | 行 | 中 | | 하야 |
| 편안 **안** | 살 **주** | 없을 **무** | 헤아릴 **량** | 모두 **제** | 행할 **행** | 가운데 **중** | | |
| 了 | 達 | 一 | 切 | 神 | 通 | 力 | | 이로다 |
| 밝을 **요** | 통달할 **달** | 한 **일** | 온통 **체** | 신통할 **신** | 통할 **통** | 힘 **력** | | |

나는 이제 보현보살
거룩한 행과
문수보살 크신 서원
훌륭히 닦아

그분들이 하는 일을
다 원만히 하여
오는 세상 끝나도록
싫증 안 내리.

내가 닦는 보현행은
한량없으니
그지없는 모든 공덕
이루어 가고

끝이 없는 온갖 행에
머무르면서
일체의 신통력을
깨달으리라.

| 文 | 殊 | 師 | 利 | 勇 | 猛 | 智 | 요 |
|---|---|---|---|---|---|---|---|
| 글월 문 | 다를 수 | 스승 사 | 이로울 리 | 날랠 용 | 사나울 맹 | 슬기 지 | |
| 普 | 賢 | 慧 | 行 | 亦 | 復 | 然 | 하니 |
| 넓을 보 | 어질 현 | 슬기로울 혜 | 행할 행 | 또 역 | 다시 부 | 그럴 연 | |
| 我 | 今 | 廻 | 向 | 諸 | 善 | 根 | 하야 |
| 나 아 | 이제 금 | 돌 회 | 향할 향 | 모두 제 | 착할 선 | 뿌리 근 | |
| 隨 | 彼 | 一 | 切 | 常 | 修 | 學 | 이로다 |
| 따를 수 | 저 피 | 한 일 | 온통 체 | 항상 상 | 닦을 수 | 배울 학 | |

문수보살 용맹하고
크신 지혜와
보현보살 지혜의 행
사무치고자

내가 이제 모든 선근
회향하여서
그분들을 항상 따라
배우오리다.

| (24) | 結 | 歸 | 廻 | 向 | | | | |
|---|---|---|---|---|---|---|---|---|
| | 맺을 결 | 돌아갈 귀 | 돌 회 | 향할 향 | | | | |
| 三 | 世 | 諸 | 佛 | 所 | 稱 | 歎 | | 인 |
| 석 삼 | 세상 세 | 모두 제 | 부처 불 | 바 소 | 일컬을 칭 | 칭찬할 탄 | | |
| 如 | 是 | 最 | 勝 | 諸 | 大 | 願 | | 을 |
| 같을 여 | 이 시 | 가장 최 | 수승할 승 | 모두 제 | 큰 대 | 원할 원 | | |
| 我 | 今 | 廻 | 向 | 諸 | 善 | 根 | | 하야 |
| 나 아 | 이제 금 | 돌 회 | 향할 향 | 모두 제 | 착할 선 | 뿌리 근 | | |

삼세의 부처님들
칭찬하신 일
이와 같이 훌륭하고
크신 서원들

내가 이제 그 선근을
회향하여서

| 爲 | 得 | 普 | 賢 | 殊 | 勝 | 行 | 이로다 | 보현보살 거룩한 행 |
|---|---|---|---|---|---|---|---|---|
| 할 위 | 얻을 득 | 넓을 보 | 어질 현 | 다를 수 | 수승할 승 | 행할 행 | | 얻으렵니다. |

| (25) | 願 | 生 | 淨 | 土 | | | | |
|---|---|---|---|---|---|---|---|---|
| | 원할 원 | 날 생 | 깨끗할 정 | 흙 토 | | | | |

| 願 | 我 | 臨 | 欲 | 命 | 終 | 時 | 에 | 원컨대 나의 목숨 |
|---|---|---|---|---|---|---|---|---|
| 원할 원 | 나 아 | 임할 임 | 하고자할 욕 | 목숨 명 | 마칠 종 | 때 시 | | 마치려 할 때 |
| 盡 | 除 | 一 | 切 | 諸 | 障 | 礙 | 하고 | 온갖 번뇌 모든 업장 |
| 다할 진 | 덜 제 | 한 일 | 온통 체 | 모두 제 | 막을 장 | 거리낄 애 | | 없애고 나서 |
| 面 | 見 | 彼 | 佛 | 阿 | 彌 | 陀 | 하야 | 아미타 부처님을 |
| 낯 면 | 볼 견 | 저 피 | 부처 불 | 언덕 아 | 두루 미 | 비탈질 타 | | 만나 뵈옵고 |
| 卽 | 得 | 往 | 生 | 安 | 樂 | 刹 | 이로다 | 곧바로 극락왕생 |
| 곧 즉 | 얻을 득 | 갈 왕 | 날 생 | 편안 안 | 즐길 락 | 절 찰 | | 하려 합니다. |
| 我 | 旣 | 往 | 生 | 彼 | 國 | 已 | 에 | 내가 이미 저 세계에 |
| 나 아 | 이미 기 | 갈 왕 | 날 생 | 저 피 | 나라 국 | 마칠 이 | | 가서 난 다음 |
| 現 | 前 | 成 | 就 | 此 | 大 | 願 | 하야 | 눈앞에서 이 큰 소원 |
| 나타날 현 | 앞 전 | 이룰 성 | 나아갈 취 | 이 차 | 큰 대 | 원할 원 | | 모두 이루어 |

| | | | | | | | |
|---|---|---|---|---|---|---|---|
| 一 | 切 | 圓 | 滿 | 盡 | 無 | 餘 | 하야 |
| 한 일 | 온통 체 | 둥글 원 | 찰 만 | 다할 진 | 없을 무 | 남을 여 | |
| 利 | 樂 | 一 | 切 | 衆 | 生 | 界 | 로다 |
| 이로울 이 | 즐길 락 | 한 일 | 온통 체 | 무리 중 | 날 생 | 경계 계 | |
| 彼 | 佛 | 衆 | 會 | 咸 | 淸 | 淨 | 이어든 |
| 저 피 | 부처 불 | 무리 중 | 모일 회 | 다 함 | 맑을 청 | 깨끗할 정 | |
| 我 | 時 | 於 | 勝 | 蓮 | 華 | 生 | 하야 |
| 나 아 | 때 시 | 어조사 어 | 수승할 승 | 연꽃 연 | 꽃 화 | 날 생 | |
| 親 | 觀 | 如 | 來 | 無 | 量 | 光 | 이 |
| 친할 친 | 볼 도 | 같을 여 | 올 래 | 없을 무 | 헤아릴 량 | 빛 광 | |
| 現 | 前 | 授 | 我 | 菩 | 提 | 記 | 로다 |
| 나타날 현 | 앞 전 | 줄 수 | 나 아 | 보리 보 | 끌 제(리) | 기별 기 | |
| 蒙 | 彼 | 如 | 來 | 授 | 記 | 已 | 에 |
| 입을 몽 | 저 피 | 같을 여 | 올 래 | 줄 수 | 기별 기 | 마칠 이 | |
| 化 | 身 | 無 | 數 | 百 | 俱 | 胝 | 하며 |
| 될 화 | 몸 신 | 없을 무 | 셈 수 | 일백 백 | 함께 구 | 굳은살 지 | |
| 智 | 力 | 廣 | 大 | 徧 | 十 | 方 | 하야 |
| 슬기 지 | 힘 력 | 넓을 광 | 큰 대 | 두루 변 | 열 십(시) | 방위 방 | |

온갖 것을 남김없이
원만하여서
일체의 중생들을
기쁘게 하리.

부처님께 모인 대중
훌륭하시고
나는 이때 연꽃 위에
태어나서는

아미타 부처님을
친히 뵈오며
그 앞에서 보리수기
내게 주시리.

부처님의 보리수기
받고 나서는
수많은 변화신을
나타내어서

넓고 큰 지혜
시방에 두루 하여

| 普 | 利 | 一 | 切 | 衆 | 生 | 界 | 로다 |
|---|---|---|---|---|---|---|---|
| 넓을 보 | 이로울 리 | 한 일 | 온통 체 | 무리 중 | 날 생 | 경계 계 | |

일체 중생 널리널리
이익 주리라.

| (26) | 總 | 結 | 十 | 門 | 無 | 盡 | |
|---|---|---|---|---|---|---|---|
| | 다 총 | 맺을 결 | 열 십 | 문 문 | 없을 무 | 다할 진 | |

| 乃 | 至 | 虛 | 空 | 世 | 界 | 盡 | 하야 |
|---|---|---|---|---|---|---|---|
| 이에 내 | 이를 지 | 빌 허 | 빌 공 | 세상 세 | 경계 계 | 다할 진 | |

허공계가 다하고
중생계가 다하고
중생의 업이 다하고
중생의 번뇌가 다하여

| 衆 | 生 | 及 | 業 | 煩 | 惱 | 盡 | 이여 |
|---|---|---|---|---|---|---|---|
| 무리 중 | 날 생 | 및 급 | 업 업 | 번거로울 번 | 번뇌할 뇌 | 다할 진 | |

| 如 | 是 | 一 | 切 | 無 | 盡 | 時 | 니 |
|---|---|---|---|---|---|---|---|
| 같을 여 | 이 시 | 한 일 | 온통 체 | 없을 무 | 다할 진 | 때 시 | |

이와 같은 모든 것
끝없사오매
나의 원도 마침내
끝없으리라.

| 我 | 願 | 究 | 竟 | 恒 | 無 | 盡 | 이로다 |
|---|---|---|---|---|---|---|---|
| 나 아 | 원할 원 | 궁구할 구 | 다할 경 | 항상 항 | 없을 무 | 다할 진 | |

| (27) | 經 | 의 | 殊 | 勝 | 한 | 功 | 德 |
|---|---|---|---|---|---|---|---|
| | 글 경 | | 다를 수 | 수승할 승 | | 공 공 | 덕 덕 |

| | | | | | | | |
|---|---|---|---|---|---|---|---|
| 十 | 方 | 所 | 有 | 無 | 邊 | 刹 | 에 |
| 열 십(시) | 방위 방 | 바 소 | 있을 유 | 없을 무 | 가 변 | 절 찰 | |
| 莊 | 嚴 | 衆 | 寶 | 供 | 如 | 來 | 하며 |
| 꾸밀 장 | 엄할 엄 | 무리 중 | 보배 보 | 이바지할공 | 같을 여 | 올 래 | |
| 最 | 勝 | 安 | 樂 | 施 | 天 | 人 | 하야 |
| 가장 최 | 수승할 승 | 편안 안 | 즐길 락 | 베풀 시 | 하늘 천 | 사람 인 | |
| 經 | 一 | 切 | 刹 | 微 | 塵 | 劫 | 이라도 |
| 지날 경 | 한 일 | 온통 체 | 절 찰 | 작을 미 | 티끌 진 | 겁 겁 | |
| 若 | 人 | 於 | 此 | 勝 | 願 | 王 | 에 |
| 만약 약 | 사람 인 | 어조사 어 | 이 차 | 수승할 승 | 원할 원 | 임금 왕 | |
| 一 | 經 | 於 | 耳 | 能 | 生 | 信 | 하야 |
| 한 일 | 지날 경 | 어조사 어 | 귀 이 | 능할 능 | 날 생 | 믿을 신 | |
| 求 | 勝 | 菩 | 提 | 心 | 渴 | 仰 | 하면 |
| 구할 구 | 수승할 승 | 보리 보 | 끌 제(리) | 마음 심 | 목마를 갈 | 우러를 앙 | |
| 獲 | 勝 | 功 | 德 | 過 | 於 | 彼 | 로다 |
| 얻을 획 | 수승할 승 | 공 공 | 덕 덕 | 지날 과 | 어조사 어 | 저 피 | |
| 即 | 常 | 遠 | 離 | 惡 | 知 | 識 | 하며 |
| 곧 즉 | 항상 상 | 멀 원 | 떠날 리 | 악할 악 | 알 지 | 알 식 | |

가없는 시방세계
가득히 쌓은
칠보로써 부처님께
공양한대도

가장 좋은 즐거움을
사람들에게
미진겁이 다하도록
보시한대도

어떤 이가
거룩한 이 서원들을
한 번 듣고 환희하여
신심을 내어

좋은 보리 얻으려고
우러른다면
그 공덕이 저 복보다
훨씬 뛰어나리라.

나쁜 벗을 언제나
멀리 여의며

| 永 | 離 | 一 | 切 | 諸 | 惡 | 道 | 하고 |
|---|---|---|---|---|---|---|---|
| 길 영 | 떠날 리 | 한 일 | 온통 체 | 모두 제 | 악할 악 | 길 도 | |

모든 나쁜 갈래도
영원토록 만나지 않아

| 速 | 見 | 如 | 來 | 無 | 量 | 光 | 하야 |
|---|---|---|---|---|---|---|---|
| 빠를 속 | 볼 견 | 같을 여 | 올 래 | 없을 무 | 헤아릴 량 | 빛 광 | |

아미타 부처님을
빨리 뵈옵고
보현보살 좋은 서원

| 具 | 此 | 普 | 賢 | 最 | 勝 | 願 | 하면 |
|---|---|---|---|---|---|---|---|
| 갖출 구 | 이 차 | 넓을 보 | 어질 현 | 가장 최 | 수승할 승 | 원할 원 | |

갖추게 되면

| 此 | 人 | 善 | 得 | 勝 | 壽 | 命 | 하며 |
|---|---|---|---|---|---|---|---|
| 이 차 | 사람 인 | 착할 선 | 얻을 득 | 수승할 승 | 목숨 수 | 목숨 명 | |

이 사람은 훌륭한
목숨을 얻고
이 사람은 날 적마다
인간에 나서

| 此 | 人 | 善 | 來 | 人 | 中 | 生 | 하며 |
|---|---|---|---|---|---|---|---|
| 이 차 | 사람 인 | 착할 선 | 올 래 | 사람 인 | 가운데 중 | 날 생 | |

| 此 | 人 | 不 | 久 | 當 | 成 | 就 | |
|---|---|---|---|---|---|---|---|
| 이 차 | 사람 인 | 아닐 불 | 오랠 구 | 마땅 당 | 이룰 성 | 나아갈 취 | |

이 사람은 오래잖아
보현보살의
그같이 크신 행원

| 如 | 彼 | 普 | 賢 | 菩 | 薩 | 行 | 하리라 |
|---|---|---|---|---|---|---|---|
| 같을 여 | 저 피 | 넓을 보 | 어질 현 | 보리 보 | 보살 살 | 행할 행 | |

성취하리라.

| 往 | 昔 | 由 | 無 | 智 | 慧 | 力 | 하야 |
|---|---|---|---|---|---|---|---|
| 갈 왕 | 예 석 | 말미암을 유 | 없을 무 | 슬기 지 | 슬기로울 혜 | 힘 력 | |

옛적에는 어리석고
지혜가 없어
다섯 가지 무간 죄업
지었더라도

| 所 | 造 | 極 | 惡 | 五 | 無 | 間 | 이라도 |
|---|---|---|---|---|---|---|---|
| 바 소 | 지을 조 | 극진할 극 | 악할 악 | 다섯 오 | 없을 무 | 사이 간 | |

| 誦 | 此 | 普 | 賢 | 大 | 願 | 王 | 하면 |
|---|---|---|---|---|---|---|---|
| 외울 송 | 이 차 | 넓을 보 | 어질 현 | 큰 대 | 원할 원 | 임금 왕 | |

보현보살 이 서원을
읽고 외우면
한순간에 저 죄업이
사라지리라.

| 一 | 念 | 速 | 疾 | 皆 | 消 | 滅 | 하며 |
|---|---|---|---|---|---|---|---|
| 한 일 | 생각 념 | 빠를 속 | 빠를 질 | 다 개 | 사라질 소 | 멸할 멸 | |

| 族 | 姓 | 種 | 類 | 及 | 容 | 色 | 과 |
|---|---|---|---|---|---|---|---|
| 겨레 족 | 성 성 | 종류 종 | 무리 류 | 및 급 | 얼굴 용 | 빛 색 | |

날 적마다 가문 좋고
용모 잘나고
복과 지혜 모든 공덕
다 원만하여

| 相 | 好 | 智 | 慧 | 咸 | 圓 | 滿 | 하며 |
|---|---|---|---|---|---|---|---|
| 모양 상 | 좋을 호 | 슬기 지 | 슬기로울 혜 | 다 함 | 둥글 원 | 찰 만 | |

| 諸 | 魔 | 外 | 道 | 不 | 能 | 摧 | 하야 |
|---|---|---|---|---|---|---|---|
| 모두 제 | 마귀 마 | 밖 외 | 길 도 | 아닐 불 | 능할 능 | 꺾을 최 | |

마군이나 외도들도
어쩔 수 없고
삼계의 중생에게
좋은 공양 받게 되리라.

| 堪 | 爲 | 三 | 界 | 所 | 應 | 供 | 하리라 |
|---|---|---|---|---|---|---|---|
| 견딜 감 | 될 위 | 석 삼 | 경계 계 | 바 소 | 응할 응 | 이바지할 공 | |

| 速 | 詣 | 菩 | 提 | 大 | 樹 | 王 | 하야 |
|---|---|---|---|---|---|---|---|
| 빠를 속 | 이를 예 | 보리 보 | 끝 제(리) | 큰 대 | 나무 수 | 임금 왕 | |

오래잖아
보리수 아래에 앉아
여러 가지 마군들을
항복받나니

| 坐 | 已 | 降 | 伏 | 諸 | 魔 | 衆 | 하고 |
|---|---|---|---|---|---|---|---|
| 앉을 좌 | 이미 이 | 항복할 항 | 엎드릴 복 | 모두 제 | 마귀 마 | 무리 중 | |

| 成 | 等 | 正 | 覺 | 轉 | 法 | 輪 | 하야 |
|---|---|---|---|---|---|---|---|
| 이룰 성 | 같을 등 | 바를 정 | 깨달을 각 | 구를 전 | 법 법 | 바퀴 륜 | |

정각을 성취하고
법을 설하여

| 普 | 利 | 一 | 切 | 諸 | 含 | 識 | 하리라 | 가없는 중생들에게 이익 주리라. |
|---|---|---|---|---|---|---|---|---|
| 넓을 **보** | 이로울 **이** | 한 **일** | 온통 **체** | 모두 **제** | 머금을 **함** | 알 **식** | | |

| (28) | 結 | 勸 | 受 | 持 | | | | | |
|---|---|---|---|---|---|---|---|---|---|
| | 맺을 **결** | 권할 **권** | 받을 **수** | 가질 **지** | | | | |

| 若 | 人 | 於 | 此 | 普 | 賢 | 願 | 에 | 누구든지 보현보살 이 서원을 읽고 외워 받아 지녀 연설한다면 |
|---|---|---|---|---|---|---|---|---|
| 만약 **약** | 사람 **인** | 어조사 **어** | 이 **차** | 넓을 **보** | 어질 **현** | 원할 **원** | | |
| 讀 | 誦 | 受 | 持 | 及 | 演 | 說 | 하면 | |
| 읽을 **독** | 외울 **송** | 받을 **수** | 가질 **지** | 및 **급** | 펼 **연** | 말씀 **설** | | |
| 果 | 報 | 唯 | 佛 | 能 | 證 | 知 | 니 | 부처님이 그 과보를 아시오리니 결정코 보리도를 얻게 되리라. |
| 열매 **과** | 갚을 **보** | 오직 **유** | 부처 **불** | 능할 **능** | 증할 **증** | 알 **지** | | |
| 決 | 定 | 獲 | 勝 | 菩 | 提 | 道 | 하리라 | |
| 결단할 **결** | 정할 **정** | 얻을 **획** | 수승할 **승** | 보리 **보** | 끌 **제(리)** | 길 **도** | | |
| 若 | 人 | 誦 | 此 | 普 | 賢 | 願 | 하면 | 누구든지 이 서원을 읽고 외우라. 그 선근의 한 부분을 내 말하리니 |
| 만약 **약** | 사람 **인** | 외울 **송** | 이 **차** | 넓을 **보** | 어질 **현** | 원할 **원** | | |
| 我 | 說 | 少 | 分 | 之 | 善 | 根 | 을 | |
| 나 **아** | 말씀 **설** | 적을 **소** | 나눌 **분** | 어조사 **지** | 착할 **선** | 뿌리 **근** | | |

| 一 | 念 | 一 | 切 | 悉 | 皆 | 圓 | 하야 |
|---|---|---|---|---|---|---|---|
| 한 **일** | 생각 **념** | 한 **일** | 온통 **체** | 다 **실** | 다 **개** | 둥글 **원** | |
| 成 | 就 | 衆 | 生 | 淸 | 淨 | 願 | 하리라 |
| 이룰 **성** | 나아갈 **취** | 무리 **중** | 날 **생** | 맑을 **청** | 깨끗할 **정** | 원할 **원** | |
| 我 | 此 | 普 | 賢 | 殊 | 勝 | 行 | 의 |
| 나 **아** | 이 **차** | 넓을 **보** | 어질 **현** | 다를 **수** | 수승할 **승** | 행할 **행** | |
| 無 | 邊 | 勝 | 福 | 皆 | 廻 | 向 | 하야 |
| 없을 **무** | 가 **변** | 수승할 **승** | 복 **복** | 다 **개** | 돌 **회** | 향할 **향** | |
| 普 | 願 | 沈 | 溺 | 諸 | 衆 | 生 | 으로 |
| 넓을 **보** | 원할 **원** | 잠길 **침** | 빠질 **익** | 모두 **제** | 무리 **중** | 날 **생** | |
| 速 | 往 | 無 | 量 | 光 | 佛 | 刹 | 하야지이다 |
| 빠를 **속** | 갈 **왕** | 없을 **무** | 헤아릴 **량** | 빛 **광** | 부처 **불** | 절 **찰** | |

한순간에 모든 공덕
다 원만하고
중생들의 청정한 원
성취하리라.

바라건대 보현보살
거룩한 행의
그지없이 훌륭한 복
다 회향하노니

삼계고해 빠져 있는
모든 중생들
아미타불 극락세계에
어서 가지이다.

| 5 | . | 如 | 來 | 의 | | 讚 | 歎 | | | |
|---|---|---|---|---|---|---|---|---|---|---|
| | | 같을 **여** | 올 **래** | | | 기릴 **찬** | 칭찬할 **탄** | | | |
| 爾 | 時 | 에 | | 普 | 賢 | 菩 | 薩 | 摩 | 訶 | 薩 | 이 |
| 너 **이** | 때 **시** | | | 넓을 **보** | 어질 **현** | 보리 **보** | 보살 **살** | 갈 **마** | 꾸짖을 **가(하)** | 보살 **살** | |

100

| 於 | 如 | 來 | 前 | 에 | 說 | 此 | 普 | 賢 | 廣 | 大 |
|---|---|---|---|---|---|---|---|---|---|---|
| 어조사 어 | 같을 여 | 올 래 | 앞 전 | | 말씀 설 | 이 차 | 넓을 보 | 어질 현 | 넓을 광 | 큰 대 |
| 願 | 王 | 淸 | 淨 | 偈 | 已 | 하신대 | 善 | 財 | 童 | 子 |
| 원할 원 | 임금 왕 | 맑을 청 | 깨끗할 정 | 노래 게 | 마칠 이 | | 착할 선 | 재물 재 | 아이 동 | 아들 자 |
| 가 | 踊 | 躍 | 無 | 量 | 하며 | 一 | 切 | 菩 | 薩 | 이 |
| | 뛸 용 | 뛸 약 | 없을 무 | 헤아릴 량 | | 한 일 | 온통 체 | 보리 보 | 보살 살 | |
| 皆 | 大 | 歡 | 喜 | 어늘 | 如 | 來 | 가 | 讚 | 言 | 하사대 |
| 다 개 | 큰 대 | 기쁠 환 | 기쁠 희 | | 같을 여 | 올 래 | | 기릴 찬 | 말씀 언 | |
| 善 | 哉 | 善 | 哉 | 라하시니라 | | | | | | |
| 착할 선 | 어조사 재 | 착할 선 | 어조사 재 | | | | | | | |

| 三 | . | 流 | 通 | 分 |
|---|---|---|---|---|
| 석 삼 | | 흐를 유 | 통할 통 | 나눌 분 |

## 5. 여래가 찬탄하다

그때에 보현보살마하살이 부처님 앞에서 이러한 보현의 큰 서원과 훌륭한 게송을 읊자
선재동자는 뛸 듯이 기뻐하였습니다. 또한 여러 보살들도 크게 환희하였습니다.
그리고 부처님께서는 "훌륭하도다, 훌륭하도다." 하시며 찬탄하셨습니다.

## 제삼. 유통분

| 爾 | 時 | 에 | 世 | 尊 | 이 | 與 | 諸 | 聖 | 者 | 菩 |
|---|---|---|---|---|---|---|---|---|---|---|
| 너 이 | 때 시 | | 세상 세 | 높을 존 | | 더불어 여 | 모두 제 | 성인 성 | 사람 자 | 보리 보 |
| 薩 | 摩 | 訶 | 薩 | 로 | 演 | 說 | 如 | 是 | 不 | 可 |
| 보살 살 | 갈 마 | 꾸짖을 가(하) | 보살 살 | | 펼 연 | 말씀 설 | 같을 여 | 이 시 | 아닐 불 | 가히 가 |
| 思 | 議 | 解 | 脫 | 境 | 界 | 勝 | 法 | 門 | 時 | 에 |
| 생각 사 | 의논할 의 | 풀 해 | 벗을 탈 | 경계 경 | 경계 계 | 수승할 승 | 법 법 | 문 문 | 때 시 | |
| 文 | 殊 | 師 | 利 | 菩 | 薩 | 이 | 而 | 爲 | 上 | 首 |
| 글월 문 | 다를 수 | 스승 사 | 이로울 리 | 보리 보 | 보살 살 | | 말 이을 이 | 될 위 | 위 상 | 머리 수 |
| 하시며 | 諸 | 大 | 菩 | 薩 | 과 | 及 | 所 | 成 | 熟 | 六 |
| | 모두 제 | 큰 대 | 보리 보 | 보살 살 | | 및 급 | 바 소 | 이룰 성 | 익을 숙 | 여섯 육 |
| 千 | 比 | 丘 | 와 | 彌 | 勒 | 菩 | 薩 | 이 | 而 | 爲 |
| 일천 천 | 견줄 비 | 언덕 구 | | 두루 미 | 굴레 륵 | 보리 보 | 보살 살 | | 말 이을 이 | 될 위 |
| 上 | 首 | 하시며 | 賢 | 劫 | 一 | 切 | 諸 | 大 | 菩 | 薩 |
| 위 상 | 머리 수 | | 어질 현 | 겁 겁 | 한 일 | 온통 체 | 모두 제 | 큰 대 | 보리 보 | 보살 살 |

그때에 부처님께서 성스럽고 거룩한 여러 보살마하살과 함께
이와 같은 불가사의한 해탈 경계의 훌륭한 법문을 연설하실 때,
문수사리보살을 상수로 한 여러 큰 보살과 그들이 성숙시킨 육천 비구와,
미륵보살을 상수로 한 현겁의 일체 모든 대보살과,

| 과 | 無 | 垢 | 普 | 賢 | 菩 | 薩 | 이 | 而 | 爲 | 上 |
|---|---|---|---|---|---|---|---|---|---|---|
| | 없을 **무** | 때 **구** | 넓을 **보** | 어질 **현** | 보리 **보** | 보살 **살** | | 말 이을 **이** | 될 **위** | 위 **상** |
| 首 | 하시며 | 一 | 生 | 補 | 處 | 로 | 住 | 灌 | 頂 | 位 |
| 머리 **수** | | 한 **일** | 날 **생** | 도울 **보** | 곳 **처** | | 살 **주** | 물 댈 **관** | 정수리 **정** | 자리 **위** |
| 한 | 諸 | 大 | 菩 | 薩 | 과 | 及 | 餘 | 十 | 方 | 種 |
| | 모두 **제** | 큰 **대** | 보리 **보** | 보살 **살** | | 및 **급** | 남을 **여** | 열 **십(시)** | 방위 **방** | 종류 **종** |
| 種 | 世 | 界 | 에 | 普 | 來 | 集 | 會 | 한 | 一 | 切 |
| 종류 **종** | 세상 **세** | 경계 **계** | | 넓을 **보** | 올 **래** | 모을 **집** | 모일 **회** | | 한 **일** | 온통 **체** |
| 刹 | 海 | 極 | 微 | 塵 | 數 | 諸 | 菩 | 薩 | 摩 | 訶 |
| 절 **찰** | 바다 **해** | 극진할 **극** | 작을 **미** | 티끌 **진** | 셈 **수** | 모두 **제** | 보리 **보** | 보살 **살** | 갈 **마** | 꾸짖을 **가(하)** |
| 薩 | 衆 | 과 | 大 | 智 | 舍 | 利 | 弗 | 과 | 摩 | 訶 |
| 보살 **살** | 무리 **중** | | 큰 **대** | 슬기 **지** | 집 **사** | 이로울 **리** | 아닐 **불** | | 갈 **마** | 꾸짖을 **가(하)** |
| 目 | 犍 | 連 | 等 | 이 | 而 | 爲 | 上 | 首 | 어든 | 諸 |
| 눈 **목** | 불친소 **건** | 잇닿을 **련** | 무리 **등** | | 말 이을 **이** | 될 **위** | 위 **상** | 머리 **수** | | 모두 **제** |

무구보현보살을 상수로 한 일생보처로서 정수리에 물을 붓는 지위에 있는 여러 큰 보살들과,

그리고 시방의 가지가지 세계에서 모여 온

모든 세계의 아주 작은 먼지 수와 같이 많은 모든 보살마하살들과,

큰 지혜 있는 사리불과 마하목건련 등을 상수로 한 여러 큰 성문과,

| 大 | 聲 | 聞 | 과 | | 幷 | 諸 | 人 | 天 | 一 | 切 | 世 |
|---|---|---|---|---|---|---|---|---|---|---|---|
| 큰 대 | 소리 성 | 들을 문 | | | 아우를 병 | 모두 제 | 사람 인 | 하늘 천 | 한 일 | 온통 체 | 세상 세 |
| 主 | 와 | | 天 | 龍 | 夜 | 叉 | 乾 | 闥 | 婆 | 阿 | 修 |
| 주인 주 | | | 하늘 천 | 용 룡 | 밤 야 | 갈래 차 | 하늘 건 | 문 달 | 할미 파(바) | 언덕 아 | 닦을 수 |
| 羅 | 迦 | 樓 | 羅 | 緊 | 那 | 羅 | 摩 | 睺 | 羅 | 伽 | |
| 그물 라 | 부처이름 가 | 다락 루 | 그물 라 | 긴할 긴 | 어찌 나 | 그물 라 | 갈 마 | 애꾸눈 후 | 그물 라 | 절 가 | |
| 와 | 人 | 非 | 人 | 等 | 의 | | 一 | 切 | 大 | 衆 | 이 |
| | 사람 인 | 아닐 비 | 사람 인 | 무리 등 | | | 한 일 | 온통 체 | 큰 대 | 무리 중 | |
| 聞 | 佛 | 所 | 說 | 하사옵고 | | 皆 | 大 | 歡 | 喜 | 하야 | 信 |
| 들을 문 | 부처 불 | 바 소 | 말씀 설 | | | 다 개 | 큰 대 | 기쁠 환 | 기쁠 희 | | 믿을 신 |
| 受 | 奉 | 行 | 하시니라 | | | | | | | | |
| 받을 수 | 받들 봉 | 행할 행 | | | | | | | | | |

아울러 여러 인간세상과 하늘세상의 주인들과 천신, 용왕, 야차, 건달바, 아수라, 가루라,
긴나라, 마후라가, 사람인 듯 사람 아닌 듯한 이 등의 일체 대중이 부처님의 말씀을 듣고
모두 크게 기뻐하여 믿고 받들어 행하였습니다.

〈보현행원품 끝〉

# 사경 발원문

사경 끝난 날 :          년          월          일

_____ 두손 모음

# 如天 無比

1943년 영덕에서 출생하였다.

1958년 출가하여 덕흥사, 불국사, 범어사를 거쳐 1964년 해인사 강원을 졸업하고 동국역경연수원에서 수학하였다.

10여 년 선원생활을 하고 1976년 탄허 스님에게 화엄경을 수학하고 전법, 이후 통도사 강주, 범어사 강주,

은해사 승가대학원장, 대한불교조계종 교육원장, 동국역경원장, 동화사 한문불전승가대학원장 등을 역임하였다.

2018년 5월에는 수행력과 지도력을 갖춘 승랍 40년 이상 되는 스님에게 품서되는 대종사 법계를 받았다.

현재 부산 문수선원 문수경전연구회에서 150여 명의 스님과 300여 명의 재가 신도들에게 화엄경을 강의하고 있다.

또한 다음 카페 '염화실'(http://cafe.daum.net/yumhwasil)을 통해

'모든 사람을 부처님으로 받들어 섬김으로써 이 땅에 평화와 행복을 가져오게 한다.'는 인불사상人佛思想을 펼치고 있다.


저서로

『대방광불화엄경 강설』(전 81권), 『무비 스님의 왕복서 강설』, 『무비 스님이 풀어 쓴 김시습의 법성게 선해』,

『법화경 법문』, 『신금강경 강의』, 『직지 강설』(전 2권), 『법화경 강의』(전 2권), 『신심명 강의』,

『임제록 강설』, 『대승찬 강설』, 『유마경 강설』, 『당신은 부처님』, 『사람이 부처님이다』, 『이것이 간화선이다』,

『무비 스님과 함께하는 불교공부』, 『무비 스님의 중도가 강의』, 『일곱 번의 작별인사』,

무비 스님이 가려 뽑은 명구 100선 시리즈(전 4권) 등이 있고

편찬하고 번역한 책으로 『화엄경(한글)』(전 10권), 『화엄경(한문)』(전 4권), 『금강경 오가해』 등이 있다.

# 무비 스님의 보현행원품 사경

| 초판 1쇄 발행_ 2019년 11월 14일

| 지은이_ 여천무비(如天 無比)

| 펴낸이_ 오세룡

| 편집_ 박성화 손미숙 김정은 이연희 김영미

| 기획_ 최은영 곽은영

| 디자인_ 고혜정 김효선 장혜정

| 홍보 마케팅_ 이주하

| 펴낸곳_ 담앤북스

　　　　서울특별시 종로구 새문안로3길 23 경희궁의 아침 4단지 805호

　　　　대표전화 02)765-1251 전송 02)764-1251 전자우편 damnbooks@hanmail.net

　　　　출판등록 제300-2011-115호

| ISBN  979-11-6201-200-0 03220


정가 9,000원